PUBLICATIONS FINANCIÈRES J. E. FAVRE

HOLDING ET SYNDICATS

Sociétés de gérance. — Sociétés de participations. — Coopératives de placement. — Trust et Omnium. — Investment Company. — Syndicats d'émission, de garantie et d'influence. — Leur rôle, leur but, leurs raisons d'être, leur forme juridique, leur statut légal. — Doctrine et jurisprudence. — Jugements et arrêts validant les syndicats et les négociations de gré à gré. — Texte et commentaires de l'importante loi du 3 décembre 1926 visant les opérations syndicales et les spéculations sur titres.

LIBRAIRIE FINANCIÈRE
24, RUE FEYDEAU. — PARIS (2e)

R. C. Seine n° 21019
1929

HOLDING ET SYNDICATS

A LA MÊME LIBRAIRIE

DICTIONNAIRE PRATIQUE DES OPÉRATIONS DE BOURSE ET DE BANQUE, ouvrage méthodique et pratique englobant sous une forme attrayante et substantielle tous les éléments d'une solide instruction financière pour placer, gérer, défendre et accroître son capital, par J.-E. Favre.

RECUEIL DES VALEURS A LOTS FRANÇAISES ET ÉTRANGÈRES COTÉES A LA BOURSE DE PARIS, ouvrage indiquant dates des tirages, montant et nombre des lots à chaque tirage, date d'amortissement total, échéances des coupons, calendrier des tirages à lots, calendrier des tirages d'amortissement, conseils pratiques pour les placements en valeurs à lots.

MÉCANISME ET AVANTAGES DES OPÉRATIONS A TERME, guide-manuel essentiellement clair, pratique et complet pour opérer avec succès à la Bourse de Paris, nouvelle édition revue, augmentée et mise à jour avec la collaboration de spécialistes expérimentés, par J.-E. Favre.

ANNUAIRE DES BANQUIERS (ANNUAIRE FAVRE), liste alphabétique, avec numéros de téléphone, des Banques et Banquiers de France et de l'Etranger; paraissant en mars tous les ans depuis 1905.

MANUEL DES FONDS D'ÉTAT FRANÇAIS, notices complètes des emprunts émis, garantis ou gagés par le gouvernement français, des emprunts des colonies, protectorats, départements, villes françaises et des obligations des régions libérées.

PUBLICATIONS FINANCIÈRES J. E. FAVRE

HOLDING ET SYNDICATS

Sociétés de gérance. — Sociétés de participations. — Coopératives de placement. — Trust et Omnium. — Investment Company. — Syndicats d'émission, de garantie et d'influence. — Leur rôle, leur but, leurs raisons d'être, leur forme juridique, leur statut légal. — Doctrine et jurisprudence. — Jugements et arrêts validant les syndicats et les négociations de gré à gré. — Texte et commentaires de l'importante loi du 3 décembre 1926 visant les opérations syndicales et les spéculations sur titres.

LIBRAIRIE FINANCIÈRE
24, RUE FEYDEAU. — PARIS (2e)

R. C. Seine n° 21019
1929

HOLDING ET SYNDICATS

CHAPITRE PREMIER

La Holding Cy, signification de ce mot anglais. — But, forme et raisons d'être de ces sociétés. — Comment la Holding, société de contrôle ou de participations, s'intéresse aux affaires. — Comment peuvent se diviser les sociétés d'investissement de capitaux. — Opinions, appréciations et commentaires de plusieurs auteurs qualifiés sur la Holding et ses résultats, ses inconvénients et ses avantages, son côté pratique et critique. — Renseignements au point de vue légal et fiscal.

C'est un truisme de constater la vogue prise en France, surtout depuis la guerre, par des mots, des expressions ou des formules venus d'outre-Manche..

La finance ne pouvait échapper à cet envahissement anglo-saxon. Nos hommes d'affaires ont subi l'ambiance : ils vous parlent maintenant de Holding, d'Investment companies, de Trustee, au lieu d'Omnium, de Sociétés de placement ou Syndicats. Le moment nous a donc paru choisi pour essayer de préciser le caractère de chacune de ces sociétés financières.

Les quelques notions que nous allons exposer aussi clairement que possible serviront, croyons-nous, non seulement de guide ou d'auxiliaire aux professionnels, mais permettront surtout au capitaliste moyen d'apprécier avec discernement les risques et les avantages que comportent les différentes formes de sociétés d'investissement de capitaux actuellement à la mode et susceptibles de s'implanter avec succès en France aussi bien pour le profit de l'épargne que pour le développement de la prospérité nationale.

Pour donner à cet ouvrage une portée d'utilité réelle et de documentation pratique nous avons consigné impartialement les exposés, appréciations et opinions des différents auteurs qui ont traité de ces questions avec des objectifs divers : les uns, pour; les autres, contre. Ainsi le lecteur aura de quoi étayer sa propre opinion et justifier son éventuelle décision.

*
* *

La loi de concentration est de toute évidence la caractéristique de l'époque contemporaine : concentration du capital et du travail, l'un étant inséparable de l'autre.

A la suite de ces transformations économiques, a parallèlement évolué la forme juridique.

A côté, ou comme complément à la société en nom collectif, à la société en commandite, à la société anonyme et à la société à responsabilité limitée, se sont créés, développés ou modifiés la *Holding Company*, la *Société de Participation*, la *Société de Contrôle*, l'*Omnium*, le *Trust*, le *Syndicat*, l'*Investment Company* et autres formules.

*
* *

Le mot *Holding* est le participe présent du verbe anglais *to hold* qui veut dire tenir, garder, détenir, conserver; les *Holding Companies* sont des sociétés qui achètent, gardent et gèrent des titres de Sociétés ayant souvent un objet similaire : électricité, produits chimiques, affaires de navigation, textiles, etc. C'est, en somme, comme l'a écrit notre confrère Novus dans le *Journal de la Bourse*, quelque chose d'analogue à nos *omniums* de valeurs mobilières ou aux *trusts* américains, mais, souvent, avec un objet plus étendu au point de vue de la nationalité des entreprises dont la holding gère les titres.

Une Holding Company est donc une Société de capitaux, disposant, la plupart du temps, de très importantes disponibilités, qui participe à la création d'entreprises ayant un objet déterminé ou qui acquiert, soit de certains groupements, soit par l'intermédiaire de la Bourse, des paquets de titres de telle ou telle catégorie. Souvent les holding companies garantissent des émissions de capital ou financent le développement d'affaires dans lesquelles elles sont intéressées.

L'administration de ces Holding consiste donc à encaisser les dividendes des titres qui composent leur portefeuille et à réaliser, sur le marché ou autrement, les titres qui paraissent avoir à peu près épuisé leur capacité de hausse. Ces réalisations permettent d'encaisser de substantiels profits que l'on remploie en de nouvelles participations dans des Sociétés offrant de plus vastes ou plus rapides possibilités de développement.

Naturellement, les Holding Companies ne procèdent qu'à des achats de titres ou n'acquièrent que des valeurs présentant un attrait spéculatif ou de placement très sérieux. Ce n'est qu'après des études, des renseignements, des investigations longues et coûteuses qu'elles se décident. Ces études ont généralement été faites par des personnes compétentes, après un examen très attentif des possibilités et des perspectives des affaires auxquelles il est question de s'intéresser. En acquérant des titres de Holding Companies appelées à recueillir les fruits de ce discernement, on a donc toutes chances de faire un choix plus judicieux que celui qui consiste à prendre directement, mais un peu au petit bonheur, des participations dans diverses affaires du genre de celles dont s'occupent la Holding.

Il est fort malaisé, en effet, de découvrir les Sociétés d'avenir dans telle ou telle branche de commerce et d'industrie ou celles qui sont encore à des cours attrayants. L'achat des titres de ces omniums de valeurs mobilières supprime, en quelque sorte, cette difficulté. Le travail de discernement et de sélection se trouve, en quelque sorte, fait par l'administration de la Holding. L'acquisition des titres de cette Holding permet, par conséquent, de participer aux résultats de la gestion pleine d'heureuses promesses — tout porte à l'espérer — de son portefeuille.

On n'ignore pas que de nombreuses Sociétés s'efforcent de communiquer le moins possible de renseignements au public. Ce ne sont pas les plus mal gérées, tant s'en faut! Mais la masse des épargnants hésite à acheter des actions d'entreprises « fermées » sur la marche desquelles elle est très insuffisamment renseignée. Les Holding Companies disposant de moyens d'investigations puissants et de ressources financières importantes (ce qui les met en posture d'apporter quelquefois à ces affaires des concours très utiles, sans tapage, sous forme de prise directe d'augmentations de capital) sont bien placées pour participer ainsi, dans les meilleures conditions, au développement d'affaires intéressantes.

Et puis les Holding Companies possédant des intérêts importants dans des entreprises ayant un objet similaire, peuvent souvent empêcher des concurrences ruineuses et servir d'agents de liaison entre ces affaires. Elles peuvent grouper leurs dirigeants en cartel, limiter les zones d'influence des Sociétés, elles sont en mesure d'assurer une plus étroite collaboration technique entre ces Sociétés qui favorisent les progrès dans les fabrications, tout en réduisant les frais généraux. D'ailleurs, les dirigeants de ces holdings disposant de gros paquets de titres occupent des postes d'administrateur dans ces diverses Sociétés et sont ainsi à même de donner soit des avis autorisés, ou des avertissements salutaires, soit d'intervenir pour éviter des frictions de nature à nuire à la prospérité des unes ou des autres.

Faut-il ajouter que le principe même de ces organismes financiers comporte la division judicieuse des risques qui se trouvent répartis sur un nombre d'affaires souvent assez grand? En achetant des titres de holding, le coefficient de sécurité est donc plus élevé qu'en acquérant au hasard des actions de telle ou telle Société.

On sait, d'autre part, qu'au point de vue fiscal, la loi du 31 juillet 1920, article 27, stipule une exonération de la taxe sur le revenu des dividendes encaissés par les omniums sur leurs *filiales*, sous la condition que les titres soient inscrits au nom de la Société mère. Autrement, il y aurait double taxe. Le patrimoine des associés ne s'enrichit, en fait, que lors de l'encaissement des dividendes perçus par la Société détentrice des titres. Lors de la redistribution à ses membres, cette dernière n'a donc pas à supporter l'impôt de 18 % sur le revenu. L'exonération n'est admise que pour les Sociétés *françaises*, en ce qui concerne leurs filiales *françaises;* elle ne s'applique pas, d'autre part, aux titres achetés en Bourse, elle ne concerne que les titres remis (sous la forme nominative) en contre partie de versements ou d'apports. Mais, en ce qui a trait aux achats en Bourse, la Holding Company se préoccupe davantage de la réalisation d'une plus-value que de l'encaissement éventuel des dividendes. L'exonération de la loi de 1920 ne présente donc, dans ce cas, qu'un intérêt secondaire.

Les Holding Companies sont souvent appelées aussi *Financing Companies*, quand elles se bornent à financer certaines entreprises, puis à repasser leur papier quand elles ont réussi à renflouer ou à développer les affaires auxquelles elles ont prêté leur concours. Lorsqu'elles possèdent suffisamment de titres pour détenir le contrôle absolu des entreprises auxquelles elles s'intéressent, on les appelle plutôt *holding trusts*. Simple nuance, sans grande

importance au point de vue financier proprement dit.

Les Holding Companies sont très répandues en Angleterre et aux Etats-Unis. Les importants achats de valeurs mobilières pratiqués depuis près d'un an sur notre marché sont, en général, effectués pour le compte de ces puissantes holding étrangères.

Il n'est peut-être pas inutile de rappeler que les titres des grands trusts, des grands omniums, lorsqu'ils sont adroitement administrés, ne tardent pas à être l'objet d'achats, non seulement dans leur pays d'origine, mais sur les places étrangères où ils prennent rapidement droit de cité. Ils deviennent alors des valeurs internationales, c'est-à-dire une véritable monnaie ayant cours dans les principaux pays. N'est-ce pas le cas de la *Royal Dutch*, de la *Standard Oil*, qui sont exactement des Holding Companies spécialisées dans les affaires de pétrole? La *Soie Artificielle* est, elle aussi, une Holding Company.

On entend fréquemment dire, autour des corbeilles ou sous le péristyle de la Bourse, que sur telles ou telles valeurs il existe un *syndicat* qui réalise d'importants bénéfices en « travaillant » ces titres réservés à certains professionnels et à des banquiers; la masse des capitalistes n'y participe pas. Eh bien, les holding companies sont en quelque sorte des syndicats financiers s'occupant de certaines catégories de valeurs sur l'avenir desquelles elles spéculent tout en « travaillant », au besoin, leurs titres en Bourse. Mais l'accès de ces syndicats est facile : il est en quelque sorte ouvert à tout le monde, puisqu'il suffit d'acquérir sur le marché des actions de ces Holding d'une négociation courante.

*
* *

MM. Houpin et Bosvieux, dans leur traité classique des Sociétés, sont très sobres de renseignements : « Enfin, disent-ils, l'union des producteurs se réalisera parfois d'une matière plus simple, par l'achat de la majorité des actions de deux ou plusieurs Sociétés qui conserveront leur autonomie, mais dont l'acquéreur possèdera le contrôle direct, ou encore par la création d'un omnium ou d'une holding company groupant, par voie d'acquisition ou d'apport, la majorité des actions d'autres Sociétés ». Ils ne parlent pas des investment trusts.

D'après M. Christian Lazard la holding ou omnium est une Société financière, dont les statuts sont rédigés en termes très généraux et qui a pour objet, non seulement de grouper les titres d'un certain nombre de Sociétés dont l'omnium veut acquérir ou conserver le contrôle pour y exercer une influence prépondérante, mais encore de faire toutes opérations financières, avances, crédits, cautions, reports, fusions de Sociétés, création ou lancement d'affaires nouvelles, etc.

Au point de vue de placement ou d'investissement de capitaux, il semble qu'on peut distinguer trois groupes, entre lesquels naturellement il faut bien se garder de dresser des cloisons étanches : 1° les Sociétés qui ont un objet principalement financier; 2° celles qui visent à un but de contrôle, ou de collaboration dans l'ordre industriel ou commercial; 3° celles que l'on peut appeler des Sociétés de placement, en ce sens qu'elles investissent les capitaux de leurs actionnaires en valeurs mobilières pour en tirer le meilleur rendement possible avec le plus de sécurité possible sans prétendre financer ni contrôler les entreprises dont elles détiennent des titres.

Le premier groupe est constitué par les banques d'affaires ou, mieux, par des organismes plus spécialisés qui, sous une dénomination différente, jouent le même rôle : leur raison d'être est de financer les entreprises nouvelles; elles souscrivent en tout ou en partie le capital initial, suivent l'affaire dans son développement financier et la *nourrissent* jusqu'au jour où elles l'estiment parvenue à une maturité suffisante pour en offrir les titres au grand public, par la voie notamment de l'introduction à la Bourse.

Le deuxième groupe répond au besoin général de concentration des forces productrices qui est l'une des caractéristiques de l'évolution économique contemporaine. De grandes entreprises prennent des intérêts dans des affaires similaires ou connexes, soit pour s'assurer des matières premières ou des débouchés aux meilleures conditions possibles, soit le plus souvent pour les réunir sous une commune direction technique qui accroîtra la puissance de chacune d'elles. De plus en plus nombreuses sont les affaires qui pratiquent à des degrés divers cette politique de concentration. La Lyonnaise des Eaux, la Thomson-Houston, la Compagnie Générale d'Electricité, la Société Centrale de Dynamite, Minerais et Métaux sont parmi les types les plus marquants de ce groupe; mais on en pourrait citer bien d'autres en France et surtout à l'étranger.

Le troisième groupe comprend les Sociétés que l'on peut appeler « de placement » ou « de portefeuille », et qui ont pour objet essentiel l'acquisition et la gestion d'un portefeuille de valeurs mobilières qu'elles gèrent comme pourrait les gérer un simple capitaliste, mais avec des moyens d'information et d'action qui souvent manquent aux particuliers. Ce sont des organismes très répandus, depuis longtemps déjà à l'étranger, mais peu connus en France, où ils sont d'introduction récente et n'ont causé jusqu'ici aucun scandale.

* * *

La *Holding* est donc une société de participations ou de contrôle; elle peut être soit la forme considérablement accrue d'une entreprise soit l'union d'entreprises distinctes; elle peut encore revêtir ces deux formes de personne morale et juridique.

La *Holding*, nous le savons, n'exerce aucune activité ni

commerciale ni industrielle, son but est de « tenir » des actions et son rôle est de contrôler d'autres sociétés, d'où le nom de société de contrôle qu'on lui donne également.

Il arrive cependant que des Holding Companies se livrent à des opérations commerciales et sortent ainsi du domaine de la simple gestion financière, dès lors on les désigne plutôt sous le nom de sociétés de participations.

*
* *

Une définition concrète de la Holding a été fournie par la *Circulaire Le Pelletier* dans les termes suivants :

Une Société dite Holding n'exploite rien par elle-même; elle gère seulement un portefeuille de titres de toutes espèces, et utilise le capital qu'elle a à sa disposition, comme elle le veut.

Le principe d'une Holding est de répartir les risques. C'est une mesure de prudence qu'on peut recommander aux capitalistes, et dont l'observation donne une sécurité plus grande aux capitaux investis.

La Holding se substitue au particulier, en achetant directement les titres qu'il serait susceptible d'acquérir lui-même, et en l'intéressant dans des affaires dont les actions prennent place dans le portefeuille de la Société.

Excellent principe. Mais le capitaliste qui opère seul a la liberté de ses mouvements et de ses initiatives. Il peut acheter les titres qui lui conviennent, et surtout, les vendre quand il veut. En étant actionnaire d'une Holding, il peut, contre son gré, rester intéressé dans une entreprise dont, maître de ses gestes, il abandonnerait sans hésitation les titres.

Une Holding représente parfois un groupe financier qui s'aventure d'autant plus témérairement qu'il n'opère pas avec ses propres capitaux. Les dirigeants d'une Holding échappent-ils toujours à l'ambition ou à l'égoïsme? Et se soucient-ils uniquement des désirs et des intérêts de leurs actionnaires?

Le nom de *Lœwenstein* peut être naturellement prononcé, puisque sa mort inexpliquée a rompu les combinaisons financières qu'il avait échafaudées. Quand le financier belge sentait péricliter, en Bourse, une de ses affaires, il lui refaisait une virginité en créant une Holding. Cette Holding ravalait le papier sur les marchés, puis, forte de cet élément de portefeuille d'une valeur plus théorique que réelle, émettait ses propres actions avec prime, repassant ainsi, sous une autre forme, au public, les titres que le public avait précédemment vendus avec méfiance.

Lœwenstein soutenant le marché de ses Sociétés au prix d'une surcapitalisation incessante, engendrait des situations inextricables, et qui ont été très longues à démêler malgré la baisse des cours, et les efforts de groupes financiers, pourtant importants et attentifs.

La formule de la Holding, bonne en principe, a permis à certains animateurs ingénieux de caser du papier difficile, de perpétrer des combinaisons occultes. Le public a été séduit, non par les affaires elles-mêmes, sur lesquelles on ne le renseignait pas, mais par l'attrait spéculatif présenté par les actions des Holding. On a pu gagner quelquefois de l'argent. On peut surtout en perdre.

En vérité, les capitalistes comme les spéculateurs, doivent étudier les valeurs auxquelles ils s'intéressent, ou sur lesquelles ils jouent. Une Holding mérite les faveurs des acheteurs, lorsqu'elle présente loyalement les affaires qu'elle a groupées, non pour les consolider et ajourner leur déclin, mais pour les développer à bon escient.

* * *

Il en est des Holding, a écrit M. Truchy membre de l'Institut, comme de tout instrument juridique; on peut en faire un bon ou un mauvais usage. Ce qui est certain, c'est que dans la complication de la vie économique et l'entrecroisement des activités et des intérêts, la forme de la Holding est une nécessité. Un Etat qui, par une fiscalité abusive, en entrave le développement, prive son industrie et l'épargne de ses nationaux d'un instrument qui leur est indispensable.

Quels sont, à cet égard, les effets de la fiscalité française?

Pour ce qui est de l'impôt sur les bénéfices du commerce et de l'industrie, il a toujours été admis qu'il n'y avait pas lieu de faire entrer dans le calcul du bénéfice imposable le revenu des valeurs mobilières. L'article 6 des lois codifiées, relatives aux impôts cédulaires et à l'impôt général sur le revenu, consacre en termes formels cette exemption : « ...Les revenus des valeurs et capitaux mobiliers figurant à l'actif de l'entreprise et atteints par l'impôt perçu en vertu des lois du 29 mars 1919 et du 31 juillet 1917, ou exonérés de ce dernier impôt par la législation en vigueur, sont déduits du bénéfice net, après imputation à ces revenus de la quote-part des frais et charges y afférentes. » Ainsi, l'Administration des finances — côté contributions directes — a reconnu ce qu'il y aurait eu d'inadmissible dans le cumul de deux impôts sur le même revenu. Mais quand il s'agit de la taxe sur le revenu des valeurs mobilières (loi du 29 juin 1872), ce qui paraissait tout à l'heure inadmissible, est imposé par les textes ou tout au moins par l'interprétation qui en a été donnée. Une société A détient des titres d'une société B; elle a payé la taxe de 18 fr. 50 sur les intérêts et dividendes distribués par la société B. Sur les intérêts et dividendes distribués par elle, ses actionnaires subiront la même retenue de 18 %. Si elle a parmi ses actionnaires une autre société que nous appellerons C, lorsque les actionnaires de C toucheront des intérêts et dividendes, formés en partie de revenus qui auront déjà payé deux fois la taxe de 18 %, ils la paieront une troisième fois.

Voilà bien, dans toute sa beauté, la cascade d'impôts. Ce qui est vrai de l'impôt sur le revenu des valeurs mobilières l'est aussi, pour les titres au porteur, de la taxe de transmission (loi du 13 juin 1857). Il est facile d'imaginer à quels résultats conduisent ces superpositions et successions d'impôts qui sont déjà considérés, chacun à part, des impôts de superposition.

Il a bien fallu, malgré les préjugés existants à l'encontre des valeurs mobilières, commencer à desserrer un peu l'écrou fiscal. Avec la législation en vigueur, il était extrêmement onéreux pour une société de fonder des filiales. L'article 27 de la loi du 31 juillet 1920 a apporté une sensible atténuation à cette situation; il dispose que : « Lorsqu'une société française par actions a reçu, en représentation de versements ou d'apports en nature ou en numéraire par elle faite à une autre société par actions, des actions, des obligations ou des parts bénéficiaires nominatives de cette dernière société, les dividendes distribués par la première société sont, pour chaque exercice, exonérés de la taxe du revenu des capitaux mobiliers établie par les lois des 29 juin 1872 et 29 mars 1914, dans la mesure des produits de ces parts, obligations ou actions touchées par elle au cours de l'exercice, à la condition que ces parts, obligations ou actions soient restées inscrites au nom de la société. »

On voit de combien de réserves et de conditions rigoureuses était entourée cette première mesure législative prise pour atténuer l'abus des multiples impositions sur le même revenu. Il serait curieux de suivre, par l'examen des solutions administratives et des décisions judiciaires, l'effort persévérant qui a été fait depuis pour diminuer encore la portée du texte. Il semble qu'on se soit proposé de reprendre en détail ce que la législation de 1920 avait concédé en gros. Il a fallu un nouveau texte (article 25 de la loi du 30 mars 1929) pour étendre aux filiales constituées en pays de protectorat, dans les termes de la loi française, les dispo-

sitions de la loi de 1920. Il y a dans le projet de budget pour 1930 une disposition (article 27) assimilant aux filiales françaises les filiales étrangères, et il faut remercier M. le ministre des Finances d'avoir admis la nécessité de cette extension.

*
* *

Au sujet du revenu du portefeuille des sociétés Holding, M. R. Goubeau, directeur de « La Fiduciaire Joubert » fournit les très intéressantes indications qui suivent :

On sait que les revenus des valeurs mobilières figurant dans les bénéfices d'une entreprise peuvent être déduits de ces résultats pour le calcul de l'impôt sur les bénéfices industriels et commerciaux, après imputation d'une quote-part des frais et charges dans la proportion du revenu des valeurs mobilières à l'ensemble des produits de l'entreprise.

Comment évaluer ces frais et charges dans les sociétés de portefeuille (Holding)?

Logiquement, les déductions à opérer ne s'appliquent pas aux frais qui figurent dans le compte d'exploitation; or, dans les sociétés de portefeuille, le bénéfice brut provient des opérations de gestion du portefeuille. On constatera donc, dans le compte d'exploitation, les frais d'achat et de vente, ainsi que les pertes et moins-values de portefeuille.

Les pertes et moins-values n'affectant pas le compte de profits et pertes ne doivent pas intervenir dans le calcul des frais et charges à imputer.

Cette remarque a son importance, car, dans les entreprises commerciales et industrielles, les pertes et moins-values du portefeuille figurent dans les frais et charges et influencent, par conséquent, le montant des déductions à opérer sur le bénéfice net au titre des revenus mobiliers.

*
* *

Une preuve de l'extension que prennent les Holding et de l'intérêt qu'elles suscitent même auprès des pouvoirs publics nous est fournie par l'information suivante parue en juillet 1929 :

Le Conseil d'Etat du Luxembourg vient d'arrêter le texte d'un projet de loi établissant un régime fiscal très libéral pour les Holding Companies. D'après les renseignements que publie à ce sujet la *Revue Financière de la Société Luxembourgeoise de Reports et de Dépôts*, la société Holding sera exempte de l'impôt sur le revenu, de la surtaxe, de l'impôt complémentaire et de l'impôt sur le coupon, sans avoir droit à la restitution de l'impôt sur le coupon perçu à charge des obligations indigènes qu'elle tient en portefeuille; elle est également exonérée des centimes additionnels des communes.

Elle sera assujettie aux impôts suivants :

1. — Les actes de formation et de prorogation de la société de même que les actes portant augmentation du capital social seront soumis à un droit proportionnel de 32 centimes par 100 francs seulement tandis qu'il est de 50 centimes pour les sociétés d'exploitation.

2. — Le droit d'abonnement annuel et obligatoire à charge des titres de société est applicable aux sociétés Holding à raison de 16 centimes par 100 francs, au lieu de 25 centimes pour les sociétés d'exploitation.

3. — Le droit de timbre sur les titres émis par les sociétés Holding est dû, au taux de 10 centimes par 100 francs sans fraction comme pour les autres sociétés.

* * *

Dans son ouvrage qui fait autorité, les *Holding companies et leur imposition en Suisse*, M. Paul-René Rosset, fait remarquer, en exposant ses avantages et ses raisons d'être que la *Holding Cy* est une institution complexe et les buts qu'elle poursuit peuvent être très divers également.

La société de contrôle a parfois pour but d'obtenir un

monopole déterminé, mais c'est là une simple possibilité et non une règle générale. Toute concurrence est en fait supprimée entre les sociétés contrôlées; une même volonté les anime toutes, elles convergent au même but. Les effets économiques d'une semblable union sont considérables, puisqu'elle a pour base la propriété et non un contrat auquel il est toujours possible de commettre des infractions comme c'est le cas pour les cartels. Souvent cependant une Holding Cy groupe des sociétés qui n'ont pas un but identique mais simplement analogue. Des entreprises combinées industriellement peuvent ainsi avoir des intérêts l'une dans l'autre et le phénomène d'intégration, si typique de l'économie moderne, se produire financièrement.

Les entreprises contrôlées se trouvent aussi fréquemment dans des pays différents, parfois lointains les uns des autres, ce qui rend la création d'un monopole difficile et montre clairement qu'il ne constitue généralement pas le but poursuivi. Il est vrai que le principe de la participation permet d'avoir une influence considérable, dans une industrie déterminée, avec un capital relativement peu important; grâce au système de l'emboîtement et des sociétés filles et petites-filles, il est possible de dominer de nombreuses entreprises et de supprimer entre elles toute concurrence, même si en apparence, elles continuent d'être rivales.

Mais la Holding Cy a des raisons d'être amplement suffisantes en dehors de toute idée de monopole.

C'est une forme supérieure, particulièrement souple et puissante, de concentration.

L'administration et la gestion financière des sociétés contrôlées est unifiée; il en résulte une réduction notable des frais.

Si l'une des filiales contrôlées se trouve dans une mauvaise position financière, passe par une crise, la Holding Cy en souffrira moins puisqu'elle a des intérêts dans d'autres sociétés; il s'opère ainsi un certain équilibre, une certaine compensation entre le résultat d'entreprises dont certaines sont prospères alors que d'autres, peut-être, ne le sont pas. C'est « la répartition des risques » qui a pour conséquence la stabilisation du revenu.

Une entreprise peut avoir de lointaines ramifications, s'étendre dans des pays très divers, grâce au système des participations. C'est le moyen le plus simple, le plus économique, de dominer des entreprises dont on ne pourrait se rendre maître, sans recourir à la société de contrôle, qu'en en devenant propriétaire purement et simplement, ce qui est plus compliqué, plus coûteux et dans la plupart des cas, pratiquement irréalisable.

Les sociétés filiales situées à l'étranger sont constituées sous la forme de sociétés autonomes et indépendantes; elles sont ainsi placées juridiquement et en fait dans la même position que les sociétés nationales du pays où elles se trouvent.

Ces sociétés s'adresseront en outre, pour leurs commandes, à la maison mère et contribueront ainsi à développer l'industrie nationale.

On constate, dans l'industrie suisse, une forte tendance à l'émigration; elle se rapproche, en effet, des centres de production de la matière première et des marchés qui sont ses débouchés. Il est donc très important pour la Suisse de conserver certains liens avec les usines créées à l'étranger; la Holding Cy est un moyen particulièrement efficace de maintenir cet attachement.

Au point de vue national, la Holding Cy présente en outre cet avantage que les capitaux investis dans les filiales ne sont pas perdus pour le pays. Les actions représentatives de ces capitaux sont en effet la propriété de la société mère qui y est domiciliée.

Mais cette constatation peut se retourner contre la Suisse, a-t-on fait remarquer; l'étranger disposant de plus de capitaux qu'elle, n'y a-t-il pas danger qu'il envahisse l'industrie suisse, en recourant à des sociétés de contrôle ?

Cette remarque, juste en principe, n'est pas un argument contre la création de Holding Cy, sur le territoire de la Confédération. Il faut, pour lutter contre l'étranger, employer les mêmes moyens dont il use lui-même.

D'ailleurs certaines dispositions légales sont destinées à protéger notre industrie et à en conserver le caractère national. Ainsi l'arrêté fédéral de 1919 a complété les articles 649, 676 chiffre 5, 695 et 705, al. 1, C. O. S. en stipulant que lorsque l'administration d'une société anonyme ou la direction d'une société coopérative se compose d'un seul membre, celui-ci doit être citoyen suisse domicilié en Suisse; si elle se compose de plusieurs membres, la majorité de ceux-ci doivent être citoyens suisses domiciliés en Suisse. L'un au moins des citoyens suisses, faisant partie de l'administration d'une société anonyme, doit avoir procuration pour représenter la société.

Techniquement la Holding Cy n'a pas les mêmes effets qu'une fusion complète, mais cela ne veut pas dire qu'elle n'en ait pas. Ainsi une invention faite dans une usine peut immédiatement être appliquée dans une autre entreprise.

La spécialisation des organes, qui trouve sa plus haute expression dans la Holding Cy, leur donne un rendement supérieur; chacun d'eux est approprié à sa fonction.

M. Rambert relève l'importance primordiale conférée à ceux qui exercent l'activité sociale, soit la mise en évidence des facteurs intelligence et direction.

La Holding Cy peut passer avec les sociétés filiales toutes espèces de conventions.

Les deux parties contractantes, sujets de droit distincts sont en effet animées d'une seule volonté, celle de la société de contrôle.

Le facteur fiscalité comme nous l'avons indiqué dans notre introduction entre enfin parfois en considération, lors de la constitution de Holding Cies. Une société qui n'exerce

par elle-même aucune activité industrielle et qui contrôle des entreprises situées à des endroits très divers, peut, en principe, placer son siège social, à un endroit où les lois fiscales lui sont particulièrement favorables.

Or, en Suisse, l'impôt fédéral de guerre extraordinaire mis à part, ces lois varient d'un canton à l'autre, comme en Amérique d'Etat à Etat.

La forme de la société de contrôle permet aussi certaines opérations destinées à diminuer le montant des charges fiscales qu'une entreprise doit supporter.

Au point de vue juridique, la Holding Cy est généralement une société anonyme; mais il arrive aussi que ce soit une société coopérative; en principe n'importe quelle personne morale, même une association, peut faire les opérations d'une société de contrôle.

La société en commandite, la société en nom collectif, peuvent également être des sociétés de participations, alors que ni l'une ni l'autre n'ont, en droit suisse, la personnalité juridique.

Les sociétés contrôlées peuvent être constituées sous n'importe quelle forme, pourvu qu'il soit possible à la Holding Cy de s'y intéresser en prenant part à son administration. Mais, dans la pratique, la forme de société anonyme est de beaucoup la plus courante; la participation y est réalisée par la possession de titres.

La masse des petits actionnaires des sociétés contrôlées perd tout pouvoir sur les décisions des assemblées générales. Par un habile système de représentation ou de remise momentanée des titres, à des banquiers ou aux administrateurs de la société de contrôle par exemple, il est toujours possible d'éluder les dispositions légales destinées à brider des grands actionnaires. Tous les juristes considèrent l'article 640, al. 2, C. O. S., comme sans effet aucun dans la pratique.

M. Rambert démontre très bien, qu'en fait, l'actionnaire

de sociétés contrôlées ou de Holding Cies intermédiaires se trouve dans la même situation qu'un obligataire, sans avoir autant de garanties.

* * *

Dans le *Bulletin pratique de Jurisprudence financière* (15 et 31 octobre 1928), M. Désiré Grosz apprécie de la façon suivante le rôle des Holding et syndicats qu'il juge avec une certaine sévérité et non sans quelque humour :

...L'impossibilité de diffuser aisément les vignettes de couleur a provoqué, chez les fabricants de cet article, un changement de procédé dont nous voulons dire un mot.

Depuis quelque temps, en effet, se multiplient des sociétés qui empruntent à la langue anglaise le terme : « *holding* » qui correspond à ce qu'est l'*omnium*, des entreprises embriquées.

Il s'agit, tout bonnement, de combinaisons dont l'objet est de mettre en portefeuille des titres de tout acabit. C'est à dessein que nous employons ce dernier terme, car il implique la qualité bonne ou mauvaise d'une chose.

Il va sans dire qu'il n'est pas dans notre intention de généraliser et que l'équité nous prescrit de considérer que certaines de ces sociétés détiennent des valeurs très intéressantes, d'une réalisation courante et offrant, parfois, des chances de dividendes ou de hausse, indiscutables.

Par contre, tel *Holding* n'est en vérité qu'un égout collecteur, dans lequel sont continuellement vidées les poubelles de certaines officines et dont le contenu ne peut même plus être dirigé sur le marché des « Pieds humides », celui-ci disparu depuis quelques années du parvis de la Bourse.

En attendant la réalisation de cette réforme bancaire, que tout le monde réclame à cor et à cri, et dont nul ne peut préciser la première étape, les Pouvoirs Publics devraient, à notre humble avis, faire procéder à l'examen du portefeuille de quelques-unes de ces fabriques de papiers à chandelle, par les services compétents du Ministère des Finances, au point de vue fiscal, et utiliser les rapports ainsi recueillis, à des fins répressives.

« Faire de l'asepsie au lieu de recourir à l'antisepsie », dit le disciple d'Asclépios, moderne.

Puisque le conseil d'épargner vient maintenant d'un médecin des affections mentales, inspirons-nous de son précepte, en agissant préventivement, avant l'arrivée des plaintes.

Car elles ne tarderont guère...

Comment, en effet, pourrait-on les éviter?

Le summum de l'habileté, de nos jours, consistant en la création de fiefs financiers inexpugnables, à l'intention de fruits secs d'une classe capitaliste décadente, et que des parents enrichis imposent aux sociétés anonymes pour leur créer un alibi matrimonial, seul, l'article 63 du Code d'Instruction criminelle permettra au Juge d'Instruction et à l'Expert-Comptable de pénétrer là où le Commissaire aux Comptes, garni d'œillères, ne peut lui-même exercer ses investigations, pourtant bien timides, qu'en se haussant sur la pointe des pieds, lorsqu'il a le désir de voir ce qui se passe derrière le mur d'argent...

Déjà, bien avant notre allusion à la nouvelle combinaison équivoque intitulée : *Holding*, qui est maintenant de mode dans le monde financier, nous fûmes maintes fois questionnés au sujet de la validité des Syndicats boursiers, tant au point de vue civil, qu'au regard de la loi du 3 décembre 1926, dont la portée jurisprudentielle n'a pas encore été déterminée, à notre connaissance, en ce qui concerne les manœuvres frauduleuses dont, précisément, les opérations syndicales sur le *Marché hors cote* sont entachées.

Le problème ainsi posé est très complexe et ne peut être arbitrairement résolu : suivant la terminologie en usage au Palais de Justice, c'est une *question d'espèces.*

En effet, ainsi que nous avons tenté de le démontrer ici, à plusieurs reprises, il serait vain d'isoler les agissements des créateurs de sociétés, autrement dit des fabricants de papier colorié, du concours qui leur est prêté par les tenanciers des cotes boursières, ainsi que par les banquiers-coulissiers : les premiers demeureraient impuissants sans l'aide des seconds.

Or, les limites dans lesquelles se meuvent les uns et les autres sont très vastes. C'est pourquoi le juriste doit rechercher les bornes qui marquent la frontière de la liberté commerciale et au delà de laquelle se trouvent les zones délictueuses. Tâche assez ardue qui met en jeu les ressorts des esprits les plus pénétrants, sans qu'il soit possible de pouvoir affirmer que la délimitation de ce qui semble permis est formée par une ligne rigide qu'il est aisé de ne pas franchir.

A l'heure actuelle, la jurisprudence se cherche encore ; les magistrats chargés d'appliquer les dispositions de l'article 419 du Code Pénal, étendu aux valeurs mobilières depuis bientôt deux ans, peuvent se demander si le principe de la liberté individuelle ne se heurte pas aux restrictions que le législateur a voulu apporter à certaines affaires financières.

Il nous apparaît que le débat devrait être dominé par une considération absolue et essentielle : quelle est la valeur du consentement du client, engagé dans les opérations dites syndicales, de groupement, de participation, etc...?

Est-ce librement, en connaissance de cause, qu'il a fourni ses fonds et son acquiescement ou, au contraire, des manœuvres frauduleuses, ourdies grâce à l'intervention de tiers, même de bonne foi, tels que des démarcheurs et des publicistes, ont-elles eu pour résultat d'égarer sa volonté et sans lesquelles manœuvres il n'eût point signé et versé?

A la lumière de ce qui précède, il serait impossible, selon

nous, d'établir une discrimination entre les affaires syndicales licites et celles qui ne le sont pas, qu'il s'agisse d'opérations civilement nulles, d'entreprises chimériques viciées, parce que entachées de dol ou de fraude.

Pour certains doctrinaires, le principe de la liberté individuelle devrait demeurer intangible : il serait donc loisible, à les entendre, à des porteurs de titres, de spéculer collectivement en fixant les cours par eux entrevus, comme si cette limite était tracée par les intéressés, individuellement, mais parallèlement et sans aucune entente.

Pour d'autres, l'action concertée met obstacle au libre jeu de la loi de l'offre et de la demande; pour se manifester avec efficacité, elle doit forcément recourir aux artifices réprimés par la loi pénale.

Il tombe sous le sens que la répression, telle qu'elle a été organisée par le législateur, lors de la modification apportée à l'article 419 du Code Pénal, le 3 décembre 1926, devrait trouver son application lorsque les *espèces* déférées au Parquet réunissent les éléments constitutifs du délit de coalition. (Peuvent se rencontrer ensemble, en l'occurrence, aussi ceux de l'escroquerie ainsi que les infractions à la loi du 24 juillet 1867 visant les sociétés).

Car il n'est pas téméraire de poser en principe que les faits auxquels se réfèrent les demandes d'avis à nous adressées, fourmillent de particularités que nous allons rassembler en un raccourci qu'il serait possible d'appeler les délits financiers « passe-partout » :

a) Les sociétés anonymes sont créées par des individus ne possédant pas les fonds nécessaires à la libération intégrale des actions qu'ils ont souscrites. Celles-ci sont néanmoins mises au porteur en vue de leur dissémination dans le public.

b) Moyennant un « abonnement » aux cotes de bourse, ces titres figurent dans leurs colonnes. Les cours y sont insérés sur la simple affirmation des coulissiers chargés de

« tenir le marché » et maintenus longtemps après les négociations, sans indication de date. D'où la possibilité pour les démarcheurs de tenter le placement « moins cher que le dernier cours connu ».

c) Lorsque le Comité de la Coulisse refuse d'admettre une valeur de Bourse à sa cote officielle, il ne s'en suit pas un refus de négociation. Les titres émigrent, alors, au *Marché hors cote*, figurent parfois au « relevé des cours », — espèce de compartiment hybride de la Coulisse du Comptant, — et donnent lieu aux mêmes avis d'opérés que les valeurs inscrites. En d'autres termes, qu'un titre soit admis à la *cote officielle de la Coulisse*, ou seulement au *Marché hors cote*, la formule est identique : « *Acheté* » (ou vendu), « *en Bourse, ce jour, pour votre compte* ». Inutile de souligner qu'il y a là une inexactitude manifeste, car le Marché hors cote n'est pas la Bourse, au regard de la cote de chacun des groupements d'intermédiaires.

d) Les négociations ne se faisant pas toujours en nombre suffisant, et les cours ayant une tendance à fléchir, il faut recourir à la manœuvre de la cotation fictive, en « dents de scie », pour laisser accroire au public que la hausse s'accentue progressivement. La version de celle-ci est appuyée par des « communiqués » mensongers, publiés par les feuilles qui ont des options et qui, par voie de conséquence, sont intéressées à la progression apparente des cours. Indépendamment du soutien de la cote à l'aide de rachats des titres revenant sur le Marché, un autre moyen est employé aussi, dans ce but : c'est le bloquage des titres pendant un dailé qui va, généralement, de trois à six mois, à l'effet de raréfier les retours.

e) Les difficultés rencontrées en cours de placement d'une valeur de Bourse disparaissent avec la *Holding* ou le *Syndicat*. En effet, l'épargnant refusant d'acheter le « papier à chandelle » participe tout de même à l'opération de dissémination à laquelle il répugne. Son argent versé, soit pour souscrire à une part syndicale, soit pour acquérir des actions d'une Holding, est affecté aux mêmes fins : les « vignettes » dont il ne veut pas entendre parler *individuellement* il en deviendra co-propriétaire *collectivement*, mais à son insu, car la composition du portefeuille, à la formation duquel sont affectés ses fonds, ne lui est pas révélée.

Pour le moment, il vit avec la perspective que l'opération syndicale se dénouera avec bénéfices ou que les actions de la Holding, subissant une forte hausse, il pourra les revendre avantageusement.

Que peuvent faire les Pouvoirs Publics en présence de pareilles pratiques, engendrées, il faut bien le reconnaître, par l'indécrottable ineptie des capitalistes? Doit-on fermer brusquement les volets de certaines cavernes?

En l'affirmative, il faudrait comprendre dans les poursuites, tout le monde : administrateurs de sociétés, distributeurs de publicité, tenanciers de cotes et coulissiers qui s'épaulent et se complètent.

Ou alors pas d'action préventive : attendre la plainte avec constitution de partie civile.

Mais, pour le moment, nul ne se plaint; tout le monde gagne de l'argent, sur le papier, ou espère d'en gagner à l'aide de combinaisons dont les unes ont effectivement pour objet des « valeurs » en portefeuille, les autres des achats et ventes imaginaires, les pseudo-bénéfices étant alignés moyennant la transcription de cours avantageux puisés dans la cote pendant huit à quinze jours et se référant à des négociations fantaisistes. N'est-ce pas encore ces dernières qui offrent le moins de risques aux clients? A la liquidation des comptes syndicaux, ceux-ci peuvent toucher leur fonds, tant que l'officine véreuse subsiste. Mais, là où les coffres regorgent de « papier » invendable, le syndicataire est bel et bien obligé d'accepter la part à lui imputable. C'est tout au moins la doctrine professée depuis quelque temps par la 3e Chambre de la Cour d'appel de Paris, à moins de pouvoir démontrer une imbécilité congénitale, intégrale et définitive du souscripteur, à l'aide de certificats d'aliénistes réputés.

* * *

Voici comment un auteur expose ses vues concernant le but et le fonctionnement d'une Holding. Il faut, dit-il, généraliser en France la constitution de ces grands trusts de concentration, de distribution et de répartition de capitaux tels qu'ils fonctionnent déjà et avec un plein succès en Angleterre, en Amérique et en Suisse sous le nom général de Holding Compagnies.

Mais déjà, pour la commodité de nos explications, ramenons à un seul terme de notre langue les différentes modalités que peuvent revêtir ces vastes organismes. Appelons-les si vous voulez : Sociétés de gérance.

Celles-ci ont pour but de débarrasser leurs adhérents : capitalistes grands, moyens et petits, du souci de veiller eux-mêmes à l'administration de leurs intérêts et de substituer à une gestion privée, forcément aveugle, le contrôle d'un puissant conseil, pourvu des moyens les plus considérables d'investigation et d'action.

Le capitaliste n'a en effet chez nous qu'une possibilité de constituer et de défendre son portefeuille. C'est de s'en remettre du soin de le conseiller sur telle ou telle valeur déterminée à des spécialistes de la Bourse, habitués à se placer ainsi successivement à des points de vue particuliers entièrement différents les uns des autres, susceptibles d'indiquer tout au plus une orientation passagère de la cote et incapables enfin de manœuvrer eux-mêmes le marché, comme le leur commanderait souvent le souci bien entendu des intérêts dont ils ont la charge.

Notre capitaliste, ainsi conseillé, a-t-il été favorisé par la chance? Il gagne sur toute la ligne et peut voir doubler ou tripler sa mise de fonds initiale. C'est un joueur qui a vu sortir le numéro gagnant. Chacun sait par expérience que le cas en est assez rare...

Mais, réduit à son simple jugement, ignorant de la solidarité de fait qui l'unit à quantité d'autres capitalistes inconnus de lui, totalement impuissant à agir sur des affaires auxquelles il ne participe que de loin et pour une si infime part, notre homme s'est-il au contraire trompé dans ses prévisions? Le voici perdant sans retour à cette simple loterie qu'est pour lui, et non pour tous, la Bourse française des valeurs. Il perd d'un coup et ses beaux rêves et son argent et le malheureux en est souvent réduit, après toute une vie de labeur à se remettre au travail et à tout recommencer depuis le début.

Il y a là, alors que tout s'oriente autour de nous dans les Sociétés modernes vers une protection plus étroite sous forme d'assurances, de coopératives, de mutualités, etc., des intérêts privés les plus légitimes une regrettable carence, aussi bien de la part de l'Etat que de la part des grands Instituts financiers, vis-à-vis de la classe innombrable des porteurs de valeurs mobilières.

Tel est le mal, voyons maintenant le remède.

Imaginez pour cela une société puissante, patronnée par les personnalités les plus connues de la Banque, de la grande industrie et du haut commerce, une société qui concentre donc déjà dans son sein tous les moyens nécessaires à exercer un contrôle incessant sur les principales entreprises du commerce et de l'industrie.

Donnez à cette société les capitaux susceptibles de lui permettre de fractionner ses risques convenablement. Confiez-lui les pouvoirs d'investir au moment voulu les fonds indispensables dans telle ou telle société dont le succès importe à celui de toute la ligne d'affaires, sur laquelle la Centrale de gérance aura fortement installé ses positions.

Imposez statutairement à cet organisme le devoir de

distribuer ses disponibilités entre trois catégories de valeurs par exemple selon la proportion suivante : 1/3 en valeurs à revenu fixe, 1/3 en grandes valeurs industrielles, banques compagnies de chemins de fer, 1/3 en valeurs d'avenir appartenant à des sociétés placées dans la zone d'action de la Centrale.

Voici bâti le premier cadre de la société centrale de gérance financière que nous avons résolu de constituer et à laquelle vous aurez intérêt d'apporter d'abord une fraction, puis la totalité de vos capitaux ou de votre portefeuille dans l'état où il existera au moment de sa constitution définitive.

Si vous avez confié à ce grand organisme de prévoyance et de distribution un capital liquide, il sera réparti pour sa part entre un certain nombre de valeurs de choix.

Vos dividendes, comme dans les institutions anglo-saxonnes similaires, descendront alors rarement au-dessous d'une moyenne de 12 à 18 %. Vous ne connaîtrez du reste qu'accidentellement un revenu plus élevé mais vous ne connaîtrez assurément jamais un revenu nul ou même médiocre, comme cela se passe maintenant si souvent pour vous.

Est-ce au contraire un portefeuille que vous avez apporté à la société de gérance, celle-ci en fera un examen approfondi et tout en s'engageant à ne pas en modifier la composition sans votre ordre vous proposera pour une durée déterminée, par exemple de trois ans ou de cinq ans, un total forfaitaire de revenu annuel qui vous mettra à l'abri de toute surprise désagréable et vous donnera tous les avantages d'une rente viagère tout en vous permettant de ne pas aliéner la moindre partie de votre patrimoine.

*
* *

Par contre voici des observations critiques que nous reproduisons avec la même impartialité dans le but de mettre sous les yeux des lecteurs de cet ouvrage tous les éléments d'appréciation désirables.

C'est un extrait d'un article du *Temps* du 11 mars dernier, qui traite des différences entre les Investment Trusts et les Holding.

Ces dernières « ont un caractère nettement financier et un objet généralement assez vaste. Elles jouent, en quelque sorte, le rôle de banques d'affaires. Leur activité, qui n'est guère limitée par leurs statuts, rédigés souvent en termes très généraux, peut s'étendre de la création de Société à la prise de contrôle d'affaires diverses, et à leur financement au moyen d'avances, crédits, etc...

« Encore conviendrait-il, bien qu'il faille se garder de classifications trop rigides, de distinguer entre la Holding Company et l'Omnium Spécialisé. La première s'intéresse à des Sociétés exerçant leur activité dans des industries diverses et se bornant, le plus souvent, à prendre une participation généralement prépondérante dans une affaire pour l'amener à un certain degré de prospérité et à en offrir ensuite les titres à la Bourse de façon à diriger ses efforts d'un autre côté. Là, réside justement le danger que peuvent présenter, dans certains cas, ces sociétés pour les actionnaires. Il est, en effet, extrêmement difficile à ces derniers de suivre l'évolution de leur affaire. A aucun moment, sauf à celui de l'assemblée générale, ils ne peuvent savoir vers quelle industrie leur société porte son activité. Le mouvement incessant du portefeuille en fait une valeur spéculative, l'intérêt du titre pouvant varier à chaque instant par suite des nouvelles participations prises.

« Plus sûr, semble être l'Omnium Spécialisé. Ces affaires limitent leur activité à une industrie nettement déterminée : l'électricité, les transports, et elles se bornent souvent à suivre les sociétés qu'elles ont créées ou dans lesquelles elles ont pris une participation, à les diriger et à les guider dans leur effort, tant industriel que financier, et elles en gardent presque toujours le contrôle. Les titres de ces sociétés offrent, dès lors, une plus grande sécurité pour les actionnaires.

« Tout à fait différentes sont les sociétés de placement, dont le premier en France, l'*Union Trust*, vient de faire son apparition à la Bourse et il a reçu un accueil favorable (*sic*) ».

« Ces sociétés n'ont d'autre objet, en effet, que la gestion d'un portefeuille, tout comme pourrait le faire un simple particulier; mais il semble qu'elles en tireront un meilleur profit du fait qu'elles disposent de moyens d'information plus sûrs et plus rapides, et qu'elles sont mieux à même de diviser les risques.

« Si nous prenons le cas de l'Union Trust, voici quelles restrictions comportent les statuts : 1° Le capital de la société sera investi seulement en valeurs cotées; 2° le capital social ne pourra être investi dans une même entreprise que jusqu'à concurrence d'un maximum de 4 % du montant du capital nominal; 3° la société ne devra jamais consacrer plus de 30 % de son capital nominal aux valeurs étrangères de toutes espèces ni plus de 30 % aux fonds d'Etats français et étrangers, ni plus de 25 % à des obligations ou titres à revenu fixe français et étrangers; 4° par catégorie d'entreprise, la société ne devra jamais consacrer plus d'un certain pourcentage (généralement 10 %); 5° la société s'interdit toutes opérations de banque, avances en compte courant, escomptes et crédits; 6° la société ne participera pas à la direction effective des entreprises et affaires, elle pourra faire partie de Conseils d'administration ou de Comités de surveillance ou s'y faire représenter. Elle s'interdit toute majorité d'entreprise ».

Si les définitions que l'on vient de lire sont claires et compréhensibles, les appréciations du *Temps* sur les divers groupements montrent que l'on peut discourir à tort et à travers le plus gravement du monde. Il suffit, par exemple, de rappeler l'exemple de la F. I. S. A., à laquelle nous avons consacré une étude, pour prouver que l'« Omnium spécialisé » est aussi dangereux que la « Holding Company ». De plus, il semble exagéré de lancer les capitalistes à l'assaut des Investments Trusts sous prétexte que les dirigeants de ces groupements sont bien mieux renseignés que le capitaliste même sérieux, et que leurs règles d'achats sont particulièrement au point. Il y a là une part de « bluff » un peu ridicule et qu'il est bon de dénoncer.

Les dirigeants des Investment Trusts (personnages importants par définition), s'en rapportent à leurs sous-ordres, pour l'étude des valeurs et l'évaluation de leur qualité. D'autre part, le rôle d'un Investment est presque toujours de soulager le portefeuille de la ou des banques qui le patronnent.

* * *

Au point de vue légal, on a fait remarquer que le résultat le plus clair d'une législation spéciale aux Holdings — qui, pour être équitable devrait s'étendre à toutes les sociétés devenues, principalement ou accessoirement des sociétés de portefeuille — serait de mettre toute une catégorie d'affaires en état d'infériorité vis-à-vis des banques et maisons privées qui échapperaient à la contrainte imposée aux sociétés anonymes. Déséquilibre d'autant plus frappant que le nombre des sociétés anonymes qui, à côté de leur objet social primitif ont constitué et gèrent un portefeuille-titres, s'accroît de jour en jour, soit que ces sociétés, par leurs participations, s'assurent la maîtrise de leurs matières premières et les débouchés de leurs fabrications, soit qu'elles réalisent la coordination de leur exploitation avec celle des entreprises voisines ou similaires, soit qu'elles se prémunissent contre une concurrence éventuelle, soit enfin que certains éléments de leur actif aient pris un développement tel qu'ils justifient la constitution de filiales autonomes.

Dans la période actuelle de concentration et de rationalisation, ce sont pratiques qui tendent de plus en plus à se généraliser, en sorte qu'au-delà des Holdings, les dispositions législatives en préparation devraient toucher toutes les affaires dont l'activité ne s'exerce pas dans un isolement complet. L'injustice qui consisterait à ne soumettre que les Holdings à la publication de leur portefeuille et l'excès que constituerait l'obligation imposée à la majorité des sociétés anonymes d'étaler au grand jour leurs participations, contrarieraient sans aucun doute la bonne gestion de ces entreprises. Par contre, devant les affaires privées le chemin se trouverait singulièrement déblayé. Ce n'est pas certainement, le but que se propose le législateur.

*
* *

Pendant l'impression de cet ouvrage (septembre 1929), M. de Ramel, député du Gard, a déposé une proposition de loi tendant à protéger l'épargne en exonérant d'impôts les « sociétés de placements » et leurs actions sous certaines conditions, notamment le contrôle de leurs statuts, de leur « portefeuille » formé des premières valeurs françaises et mondiales et de leur gestion par un « comité de l'épargne » séant à la Banque de France.

CHAPITRE II

L'Investment Company. — Ce qui la différencie de la Holding. — La sécurité de l'une et les aléas de l'autre. — Les remarques de M. Truchy et de M. Grosborne au point de vue fiscal. — Un article du « Petit Parisien » sur les sociétés de placements ou Investment Trusts et Securities Trusts. — L'initiative du groupe socialiste de la Chambre en faveur de l'Investment Trust ou Coopératives de placement et de gestion. — Des commentaires et des appréciations.

L'*Investment Trust*, à l'opposé de la Holding, est une société de placement qui s'interdit statutairement d'acquérir la majorité dans une société et conséquemment de prendre la responsabilité de la direction d'une entreprise.

Alors que les investment trusts ne peuvent placer plus de 3 à 5 % de leur capital dans une même affaire, les Holdings, par contre, ont la plus grande liberté et peuvent s'engager à fond si bon leur semble. Tandis que celles-ci ne valent que par les qualités de leurs dirigeants, eu égard à la complète liberté de ces derniers, celles-là trouvent leur raison d'être dans les règles sévères de leur administration (non distribution des plus-values en capital, publication périodique des titres composant le portefeuille, etc.).

D'après cette définition le capitaliste saura que s'il fait choix des titres d'une Holding, il courra la chance de recevoir des dividendes plus ou moins copieux, selon l'importance des bénéfices réalisés, comme aussi de ne rien toucher si l'exercice est en déficit; il aura, par contre, l'assurance que s'il engage des capitaux dans un Investment Trust, il fera un placement sinon très rémunérateur, du moins à l'abri de tout risque.

Nous croyons devoir rappeler, qu'avant tout, l'épargne doit savoir se protéger elle-même, que c'est en faisant son éducation financière que l'épargnant évitera les mauvais plaisants lanceurs d'affaires véreuses, qu'il apprendra à gérer son portefeuille suivant les principes rationnels de la gérance des valeurs mobilières. Or on sait que pour arriver à un résultat satisfaisant, il est essentiel que le capitaliste, non seulement ne s'intéresse qu'aux affaires, saines, mais divise ses risques sur l'ensemble de la production, sur l'ensemble des marchés, division économique et géographique impossible sans une certaine masse de capitaux et, par conséquent, accessible à bien peu d'entre nous. On a signalé, depuis quelque temps, que l'*Investment Trust* avait précisément pour but de jouer le rôle de protecteur de l'épargne et qu'il était déjà en pratique à l'étranger sur une grande échelle. Cela est exact, mais à notre sens, si la formule de l'Investment Trust ou Société de Gérance est parfaite au point de vue des risques financiers, celle-ci ne peut se poser en protectrice de l'épargne qu'autant qu'elle présente des garanties morales et matérielles statutaires qui rendent impossibles les opérations spéculatives hasardeuses, la fraude, la défaillance morale des dirigeants.

Il ne fait aucun doute qu'un organisme jouissant d'une autorité morale indiscutable, d'une compétence éprouvée en matière économique et bancaire, *libre de toute entrave politique et financière* soit de nature à donner à la grande masse des petits capitalistes, le maximum de garantie quant à la conservation et au revenu de leur capital.

Il s'agit là d'un problème vital intéressant toute la nation, d'un besoin de nature et d'importance à faire naître non seulement des sociétés, mais un véritable service public. Dans les projets déposés par le gouvernement on parle de mettre à la disposition du public une documentation financière destinée à son éducation boursière. Il y a, dans cette mesure un fait nouveau, un premier contact entre l'Etat et les particuliers touchant la protection de leur épargne. Souhaitons que l'on aille plus loin dans cette voie et que des institutions privées soient bientôt créées dont l'organisation et la gestion seront placées sous le contrôle de l'Etat.

L'*Union-Trust*, dont nous avons déjà parlé, est une société qui a inauguré l'ère des sociétés de gérance en France. Les statuts de la société prévoient certaines précautions d'ordre financier, telles : la division obligatoire des risques, l'interdiction de contrôler les sociétés dont on achète les titres, l'interdiction de déléguer des membres du Conseil dans le Conseil d'autres sociétés, l'obligation de publier l'inventaire détaillé du portefeuille et d'évaluer ce portefeuille avec la plus grande prudence, etc. C'est déjà un grand pas de fait en faveur des actionnaires. Nous l'estimons cependant insuffisant encore. On n'empêchera pas, en effet, les opérations dangereuses ou fictives, on n'empêchera pas non plus aux gros actionnaires d'avoir une influence prépondérante et de diriger les placements à faire selon leurs propres intérêts, on n'empêchera pas non plus le danger qui peut résulter des liaisons occultes entre administrateurs et groupes bancaires plus ou moins recommandables et ce que les administrateurs ne pourront faire sous leurs noms ils le feront faire par des hommes de paille. Ainsi, il est à prévoir que parmi les nombreuses sociétés de gérance qui ne manqueront pas de se former dans des temps prochains, les vices de collusion, d'escroquerie reparaîtront et que de nouvelles dupes en feront les frais.

Une société de gérance ne pourra vraiment remplir son rôle de protectrice de l'épargne qu'autant que ses membres de direction seront indépendants et n'auront aucun but personnel. Ce résultat ne sera atteint qu'autant que le Comité de direction sera *libre* dans le choix des placements à effectuer. Cette indépendance est la condition première du succès de l'entreprise. Elle exclut par avance des administrateurs ayant des intérêts notoires dans les groupements financiers, industriels ou politiques. Elle exige à sa tête, non pas un cénacle de personnalités influentes, mais un noyau de compétences neuves et désintéressées, n'ayant d'autre mission que celle d'organiser un office d'études financières.

Ce qu'il faut, en un mot, c'est faire sortir du milieu de la petite épargne ses propres défenseurs et les grouper autour d'une autorité morale de grand prestige susceptible de galvaniser la masse des petits épargnants jusqu'ici laissée à l'abandon. Il faut qu'une société de gérance de la petite épargne soit, par essence, démocratique.

* * *

Il y a, écrit M. Truchy, professeur à la Faculté de droit, un genre de Holdings que la fiscalité française empêche de se développer et qu'il serait cependant désirable de voir prendre chez nous une place comparable à celle qu'ils ont en Angleterre et aux Etats-Unis. C'est l'*Investment Trust*, ce que nous pourrions appeler la Société de placement. La société de placement ne se propose pas, comme d'autres Holdings, de dominer une branche d'industrie; le plus souvent, ses statuts limitent l'importance des placements qu'elle peut faire dans chaque catégorie d'entreprises. Son objet est de placer, dans les conditions les meilleures de sécurité et de rendement, les capitaux qui lui sont confiés.

Qu'une société de placement honnêtement et intelligemment gérée puisse rendre de grands services, c'est incontestable. Le placement en valeurs mobilières, cela est devenu un monde compliqué, semé d'embûches et de dangers, où le capitaliste moyen a peine à se diriger. Par ses relations, son étude sérieuse des affaires, sa connaissance du marché, l'importance des capitaux qu'elle manie, la société de placement est en bien meilleure situation que le capitaliste individuel, soit pour acheter, soit pour vendre. Elle peut, par l'application d'une judicieuse division des risques, obtenir à la fois, dans ses placements, la sécurité et le rendement.

Or, l'article 27 de la loi du 31 juillet 1920 est presque sans application possible aux sociétés de placement. La redoutable fiscalité des valeurs mobilières oppose à leur développement un obstacle à peu près infranchissable. Puisque le législateur a commencé à étudier, dans un esprit de réalisme, qu'il n'a pas toujours apporté à ces questions, le problème de l'imposition des valeurs mobilières, il y en a là un aspect qui vaut d'être attentivement considéré. Les Investment trusts, écrit M. Georges Grosborne, largement développés peuvent jouer, sur le marché, un rôle équilibreur bienfaisant, et rendre en même temps à l'épargne de grands services. Malheureusement il arrive ceci : Une société de gestion de portefeuille ne touche les dividendes relatifs à ses placements que réduits de l'impôt sur le revenu des valeurs mobilières (sauf le cas particulier de titres nominatifs acquis à l'émission). Lorsqu'elle répartit ensuite les bénéfices entre ses actionnaires, ils se trouvent à nouveau amputés au titre du même impôt. Cette répétition anormale gêne la croissance de ces sociétés. N'y aurait-il pas intérêt à modifier cet état de choses? Depuis un siècle, la valeur mobilière a permis de faire participer les plus modestes fortunes à l'essor de puissantes industries. Grâce au développement d'investment trusts bien dirigés, il deviendrait possible aux épargnants de prendre, non plus seulement une part dans telle société particulière, mais une part

d'un portefeuille comprenant l'élite des entreprises d'avenir négociées sur les différents marchés du monde; donc de réduire les aléas des placements, grâce à une division des risques beaucoup plus étendue. Sans doute, l'existence de ces sociétés ne dispensera jamais le capitaliste soucieux de ses intérêts d'avoir à surveiller lui-même les valeurs, de façon à bien faire ses placements (directement ou par l'intermédiaire de trusts, peu importe). Il n'en reste pas moins qu'il peut y avoir là, pour l'épargne, un élément de sécurité si utile socialement que le rôle de l'État devrait être d'encourager ce genre d'activité et non de l'entraver par une fiscalité trop lourde et illogique.

*
* *

La question des *Sociétés de Placement* prend une importance telle que la presse politique elle-même aborde et discute le sujet. En effet on pouvait lire dans le *Petit Parisien* du 14 juillet 1929 l'article suivant :

« Tout comme M. Jourdain faisait de la prose, n'importe quel épargnant, si modeste soit-il, fait par moment, sans le savoir, œuvre de financier. Le cas se présente chaque fois qu'il recherche un emploi rémunérateur pour son pécule qu'il ne peut raisonnablement laisser, tout entier et pour toujours, sous forme d'espèces improductives.

« Il faut bien avouer qu'en l'occurence beaucoup de gens, par ailleurs intelligents, habiles dans leur métier et pourvus du meilleur sens dans la vie courante, sont, à juste raison, bien embarrassés.

« Quiconque a lu, dans les colonnes de ce journal, les remarquables articles de Louis Roubaud sur la Bourse de Paris se rend compte de toutes les difficultés que rencontre un profane quand il s'agit de faire la différence entre une bonne et une mauvaise valeur, un bon et un mauvais placement. En pareille matière, une suite de décisions heureuses mène à l'aisance et parfois à la fortune, une seule décision malheureuse conduit souvent à la ruine. C'est dire toute l'importance du problème posé par les dangers que court l'épargne et la recherche des moyens qui peuvent l'encourager, la développer et la protéger.

« Là comme en toute chose il est bon, sans anticiper, de marcher avec son siècle. L'épargnant français a eu pendant longtemps et jusqu'à ces dernières années, une préférence marquée pour ce que l'on était convenu d'appeler les placements de père de famille : rentes d'Etat, emprunts de départements et de villes, obligations de chemin de fer et autres valeurs à revenu fixe offrant des garanties particulièrement solides. Le véritable cataclysme financier consécutif à la guerre est venu jeter le trouble dans les esprits en amputant sévèrement les capitaux et les revenus de nombre de placements ainsi effectués et que chacun croyait de tout repos. Alors, avec toute l'exagération que comportent ordinairement les engouements consécutifs à un revirement brusque de l'opinion, les petits capitalistes ont perdu la notion du rendement des titres qu'ils achetaient pour ne plus se préoccuper que de la plus-value réalisable sur le capital et se sont mis à rechercher, le plus souvent à l'aveuglette, les valeurs susceptibles de hausse. En d'autres termes, chacun a commencé, sur une plus ou moins grande échelle, à spéculer. Les pleurs et les grincements de dents qui ont suivi les déceptions et les pertes inévitables ont déjà démontré au plus grand nombre que l'on ne s'improvise pas financier et que, pas plus en matière de bourse que dans tout autre métier, on ne peut, sans grand dam pour son porte-monnaie, s'aventurer au combat sans chefs ni tactique.

« Dès maintenant la tendance se laisse entrevoir vers un retour à l'antique sagesse; les obligations et rentes d'Etat retrouvent progressivement une vogue que l'on pouvait croire à jamais perdue; mais que l'on ne s'y trompe pas :

ce mouvement est et demeurera limité. Tout porteur d'actions, qu'il ait perdu ou gagné sur ses premières opérations, restera toute sa vie un acheteur éventuel d'actions nouvelles, et c'est fort heureux, car ainsi le veut le développement économique du pays, inséparable de certain progrès financier. La valeur à revenu variable, tout comme la bicyclette ou l'automobile, est appelée à se répandre et à se démocratiser, aidant ainsi dans une mesure croissante au financement des affaires industrielles et commerciales de tout ordre. Ce qui importe, c'est de canaliser ce flux irrésistible de manière à désarmer les aigrefins et à guider l'épargne dans la bonne voie.

« Parmi toutes les formules imaginées dans ce but, la plus efficace et celle qui paraît appelée au plus brillant avenir est sans doute celle des coopératives, trusts ou *sociétés de placement*, plus ou moins exactement copiés sur les *Investment Trusts* et les *Securities Trusts* anglais et américains.

« Ces sociétés répondent au souci de faire profiter les petits épargnants des solides informations et de l'habileté financière des meilleurs spécialistes.

« Pour ce faire, l'*Investment Trust* ou société de placement, groupe, sous des formules d'ailleurs diverses, un très grand nombre de petits capitalistes dont il utilise les apports assemblés pour l'achat de valeurs mobilières qui deviennent la propriété indivise du trust, dont elles constituent d'ailleurs, avec les réserves en espèces, tout l'actif.

« La variété des titres ainsi acquis par les gérants du trust est généralement très considérable. Leur choix judicieux est assuré par des bureaux d'études fortement organisés, qui analysent les bilans des affaires, surveillent les fluctuations des cours, les variations des dividendes, les émissions et augmentations de capital avec toute la minutie et la compétence désirables.

« En dehors du caractère véritablement scientifique des recherches qui déterminent les opérations du trust, un élément de sécurité presque absolue est offert aux participants par la diversité très grande des placements et l'éparpillement des fonds que les gérants de la société s'imposent, parfois même statutairement, comme règle de conduite.

« En limitant à une faible fraction du capital à investir les achats d'actions de chaque catégorie d'industries ou de valeurs de chaque nationalité, on diminue le risque par sa répartition technique et géographique au point de le faire pour ainsi dire disparaître. C'est l'application du vieux précepte qui conseille de ne pas mettre tous ses œufs dans le même panier.

« L'idée de coopération entre plusieurs épargnants, qui livrés à eux-mêmes, seraient forcés d'agir au hasard ou de s'en remettre à des tiers souvent à peine mieux renseignés et parfois malintentionnés, présente un autre avantage non négligeable. Cette catégorie de capitalistes fait, en général, ses placements par sommes successives de petite ou de moyenne importance. De ce seul fait, l'achat de certains titres dont les unités indivisibles valent plusieurs milliers et même plusieurs dizaines de milliers de francs lui demeure à peu près interdit. Or, ce sont justement ces titres de grande classe qui, très généralement, ne cessent, depuis leur création, de voir s'accroître leur valeur or. Les sociétés de placement mettent leurs participants à même de profiter de cette remarque bien connue.

« Signalons enfin la liaison d'intérêts que le principe de ces sociétés crée entre ses adhérents et les techniciens chargés de la gestion des fonds : cette solidarité est établie par le mode de rétribution des gérants, constituée par une participation aux bénéfices, et les avantages matériels et moraux en sont évidents.

« Le meilleur titre des « Investment Trust » à la confiance qu'on peut avoir en leur avenir est fourni par le développement considérable qu'ils ont pris en Grande-Bretagne, où le premier d'entre eux vit le jour en 1863 et où cent cinquante sociétés du même type représentent, à l'heure actuelle, environ 30 milliards de francs.

« Aux Etats-Unis, où la formule fut appliquée plus tardivement, il n'y avait que dix-huit sociétés de placement en 1924; il en existe aujourd'hui plus de deux cents, dont la puissance financière globale se chiffre par environ 37 milliards de francs.

« Notre pays est, à ce point de vue, assez en retard. Certaines difficultés fiscales, les imprudences et les malversations de quelques mauvais bergers ont certainement contrecarré l'effort des novateurs honnêtes; mais la formule des sociétés de placement est tellement logique et féconde qu'elle trouvera infailliblement chez nous, à travers tous les obstacles, son application abondante et heureuse. »

*
* *

L'*Illustration Economique et Financière* si magistralement dirigée par M. Ch. Marquet a publié sur la question des *Holding* et *Investment Trust* l'article suivant :

« Les obligations de la vie économique moderne ont créé de nouvelles lois dont le besoin s'est fait d'autant plus sentir que la nécessité de coordination des différents liens d'une même industrie, ou de ceux d'industries similaires, est apparue plus grande.

« Alors s'est manifesté, dans le ciel de notre vie économique d'après guerre, le rôle considérable de ce qu'on est convenu d'appeler maintenant le « groupe d'affaires », dont la notion était restée, jusque-là, assez imprécise, et la loi, suivant laquelle il pouvait naître et évoluer, mal définie.

« Les deux formes financières sous lesquelles le groupe d'affaires se présente le plus généralement sont celles de la « Holding Company » et de l' « Investment Trust », assez communément confondues, bien que leur objet soit diamétralement opposé.

« La Holding a véritablement une fonction économique et est en quelque sorte un instrument de rationalisation du fait qu'elle tend à une concentration d'intérêts et à une prise de contrôle d'un certain nombre de sociétés. L'investment, au contraire, n'a qu'une fonction de placement et a pour objet une dispersion des intérêts aussi grande que possible, s'interdisant toute prise de contrôle qui est forcément nuisible au principe de la division des risques.

« Ainsi, dès le point de départ, ces deux formes de groupements, dont, par une méconnaissance absolue de leur caractère fonctionnel, on a souvent, en France, associé les noms « holding de placement », — ce qui est une aberration monstrueuse, — poursuivent un but radicalement contraire.

« Sur le marché des capitaux, l'opposition est encore plus grande. La Holding demande des capitaux pour lui permettre de s'assurer le contrôle des affaires qui l'intéressent, en un mot, elle fait appel au crédit. L'investment, au contraire, offre du crédit et propose ses capitaux en échange du papier qui lui est nécessaire; il remet en circulation les capitaux épargnés.

« Enfin, du point de vue strictement financier, l'antithèse est absolue. Par son essence même, la Holding est spéculative et comporte des risques d'autant plus grands qu'elle est plus évoluée ; elle s'adresse, tout au moins au début, aux gros capitalistes et aux banques spécialisées pour l'aider à s'assurer le contrôle des affaires qui l'intéressent, puis elle offre au public ses propres titres, qui constituent une véritable dilution des titres de sociétés industrielles ou commerciales dont son portefeuille est composé.

« Quand l'une des sociétés dont elle a pris le contrôle procède à une augmentation de capital, la Holding doit, à son tour, pour maintenir ce contrôle, procéder à une augmentation de capital, ce qui vient peser doublement sur les capitaux d'épargne. C'est à ce moment qu'on s'efforcera de mettre en lumière les bienfaits de la concentration des intérêts, de la rationalisation de la production, de la diminution des frais généraux, oubliant de dire au public que les frais généraux de la Holding Company contrebalancent le plus souvent, hélas! les économies réalisées autre part, et que la cascade des impôts, en France surtout, se charge de faire le reste.

« La Holding nous ramène au temps de la féodalité, où les serfs, manants, vilains, vassaux de toutes sortes venaient se grouper autour du puissant seigneur qui condescendait à les prendre sous sa protection et à les défendre au cas d'une guerre dont, invariablement, ils faisaient les frais.

« L'Investment Trust, au contraire, s'érige en protecteur de l'épargne. Il permet aux petits épargnants, qui n'ont ni le temps, ni les connaissances nécessaires pour faire fructifier leur modeste capital, de participer à des opérations de grande envergure et à des achats de titres dont, quelquefois, le prix d'un seul excéderait de beaucoup le montant de leur avoir. C'est la mise en commun de leurs moyens pour la constitution d'un portefeuille de placement choisi et géré par des spécialistes de tout premier ordre.

« Les statuts et les règles d'administration des Investment Trusts sont des plus sévères, et il faut signaler notamment l'obligation pour ces sociétés de publier, à intervalles réguliers, la liste détaillée des valeurs constituant leur portefeuille. Les placements sont rigoureusement limités quant à leur nature et à leur pourcentage, et, tandis qu'en Amérique, les plus-values réalisées sur le portefeuille peuvent être distribuées aux actionnaires sous forme d'actions gratuites, en Angleterre, elles sont portées aux réserves et ne sont pas distribuables.

« Certes, l'Investment, comme la Holding, tout au moins en France, auront à acquitter les impôts sur les coupons de leur portefeuille et sur ceux de leurs propres titres. Mais il est aisé de concevoir que si, au début, les bénéfices de l'investment sont strictement limités au rendement du portefeuille, et constitue avec le capital initial, dans la suite, en raison des sommes prélevées sur les bénéfices provenant des plus-values en capital de la réalisation d'une partie du portefeuille, le working capital, accru des réserves productives, permet un rendement qui est souvent voisin de 20 % du capital initial.

« Entre ces deux types extrêmes, il y a place pour une série de sociétés procédant de l'un et de l'autre, dont une certaine finance ne pouvait manquer de s'emparer. Pour se convaincre du lointain rapport que ces sociétés présentent avec celles qui viennent d'être définies, il suffit de lire leur objet social tel que les publications légales en font mention. Il est des plus vaste et permet la réalisation de toutes les combinaisons, ce mot étant pris dans son sens le plus général.

« Dans ces conditions, il appartient aux pouvoirs publics de prendre les mesures de protection qui s'imposent pour assurer la sauvegarde de l'épargne française, en réglementant les statuts des sociétés qui se parent de noms pompeux et en contrôlant leur activité. Nos grandes banques d'affaires suffisaient, avec leurs capitaux importants et leur personnel éprouvé, à jouer ce rôle dans notre organisation économique et financière moderne.

« Elles groupaient des intérêts dans tous les domaines sous le nom bien français de « groupement ». Revenons un peu au bon sens, restons ce que nous sommes et vivons des produits de notre sol, aussi bien au réel qu'au figuré en répudiant ces produits d'importation « Holding » et « Investment Trust » made in U. S. A. »

*
* *

A titre documentaire nous reproduisons également l'article ci-après paru dans *Le Globe* sous la signature G. M.

« Il est beaucoup question, depuis quelque temps en

France, des *Investment trusts*. Sous ce vocable barbare, mais bien fait pour éveiller l'attention, se dissimulent tout bonnement ce qu'on nommait vers 1900 des *Omniums*, c'est-à-dire des sociétés de portefeuille.

« Sans doute quelques perfectionnements, quelques variantes ont été apportés à la formule primitive. Aujourd'hui, il ne s'agit plus, comme au beau temps de la guerre du Transvaal, de prendre des intérêts dans des mines d'or sud-africaines. Il n'est plus question maintenant, comme au lendemain de l'Exposition Universelle de 1900, d'établir des réseaux de tramways à toutes les portes, dans le dessein de « faire bénéficier l'humanité souffrante des bienfaits de la fée électricité »

« On est moins lyrique aujourd'hui, et les animateurs des modernes *Investment Trusts* ont des prétentions beaucoup plus scientifiques. Ils entendent diviser, « pulvériser » les risques inhérents à tout placement quel qu'il soit. Ils s'attachent à faire profiter les épargnants de leur expérience en les invitant à se grouper sous leur égide, dans le but de s'intéresser à des affaires d'ordres très différents.

« Dans la réalité, il n'y a entre l'omnium de nos pères et l'Investment trust, tel que le conçoivent aujourd'hui les Américains, qu'une simple différence de degrés.

« L'omnium, tel qu'il était naguère, présentait ce défaut évident d'être dépendant d'une seule branche d'industrie. Aussi, les actionnaires de la Consolidated Goldfields, de la Rand Mines, etc..., ont-ils connu des heures pénibles au lendemain du krach des mines d'or de 1902. Et les destinées de l'Omnium Lyonnais ne furent jamais très reluisantes en dépit des qualités techniques de ses fondateurs, gens cependant très avertis des questions de travaux publics, d'entreprises de chemins de fer et de tramways.

« Par la force même des choses, les dirigeants des omniums ont été amenés à s'intéresser à des affaires jusque-là volontairement ignorées, et cela même dans le dessein de

« diviser les risques ». Les grands trusts miniers sud-africains sont ainsi devenus des organismes financiers, gérant un portefeuille comportant des titres de mines, d'affaires de construction, de sociétés de produits chimiques, de fabriques de soie artificielle, etc.

« On les a appelés Investment trust par opposition aux Holding companies, genre Shell Transport, autres sociétés de portefeuille spécialisées dans une branche d'industrie, et dont les dirigeants commandent à des subsidiaires au lieu de jouer un rôle passif.

« Reprenant la formule anglaise des Investment trusts, les Américains ont fait de ceux-ci, au cours de ces dernières années de véritables officines bancaires. Ils ont rencontré le succès, ce qui s'explique par l'éloignement du centre financier de New-York par rapport aux autres villes agricoles et industrielles des États-Unis. Il convient d'ailleurs de considérer que les Américains sont, de tous les peuples, celui qui mérite le mieux l'épithète de « nation de spéculateurs », dans le sens le plus mauvais du mot.

« La spéculation florissant plus que jamais aux États-Unis, les Investment trusts foisonnent outre-Atlantique.

Et voici qu'on prétend les acclimater chez nous.

« Ici cependant, les conditions ne sont pas les mêmes. Le Français même « moyen » est d'un niveau intellectuel autrement élevé que le Yankee dont chacun a pu apprécier la stupidité animale au cours de la guerre. Le Français est particulariste; il gère « son » portefeuille. Le Français n'a pas tort.

« Alors, en effet, que les avantages offerts par les Investment trusts restent encore à démontrer chez nous, les inconvénients qu'ils présentent sont nombreux.

« Tout d'abord, les opérations spéculatives qu'un Investment trust peut entreprendre sont assez limitées. Il existe une loi de 1926 sur la spéculation. Celle-ci, dans certaines conditions, est qualifiée illicite s'il est démontré qu'il y eut coalition.

« En outre, du point de vue fiscal, les porteurs d'actions émises par des Investment trusts se trouvent désavantagés vis-à-vis des capitalistes directement actionnaires des sociétés dans lesquelles un Investment trust quelconque a pris une participation; ils supportent, en effet, une double taxe.

« Ces inconvénients ne seraient que peu de chose, s'ils étaient rachetés par les qualités des dirigeants. Mais, on sait trop que depuis la diffusion des actions à vote plural, les administrateurs de maintes sociétés considèrent volontiers celles-ci comme leur affaire. Dans le cas d'un Investment trust, il leur est donc facile de disposer du portefeuille, sans que leurs mandants — les actionnaires — soient le moindrement avisés de la liquidation partielle de leur actif. Bien heureux encore s'ils connaissent cet actif. Or, rien n'est moins certain qu'ils le connaissent. Ainsi, les actionnaires de la Royal Dutch et de la Shell Transport ignorent totalement dans quelles sociétés ils se trouvent intéressés.

« Il va sans dire que cette facilité de faire sortir les titres du portefeuille d'un Investment trust se trouve compensée par une égale facilité d'introduction de titres, même douteux. Et c'est ce qui s'est produit aux États-Unis où, pour soutenir les cours de valeurs de mauvais aloi, on a imaginé de créer des Investment trusts en vue de les recueillir. La contre-valeur des actions émises par ces Investment trusts se trouve ainsi représentée par des titres dont la réalisation serait désastreuse.

« En définitive, si les Holding companies sont défendables, il n'apparaît pas, par contre, que les Investment trusts soient des institutions dont le développement doive être encouragé sans réserves »

*
* *

Dans un passage du projet de loi pour la défense de l'épargne on lit ceci :

« Pourquoi ne favoriserait-on pas en effet, les coopératives de placement de gestion si développés dans les pays anglo-saxons sous le nom « Investment Trust » et qui gèrent 60 milliards de francs en Angleterre et plus de 20 milliards en Amérique?

« Ces organismes sont à la fois des régulateurs du marché et des éducateurs du public : groupés, ils peuvent gérer une quantité de petits capitaux avec les mêmes méthodes de répartition de risques que peuvent seuls employer les grands capitalistes, en dehors de cette organisation coopérative de l'épargne.

« Ces coopératives de placement, ne sont pas des banques; ce sont des sociétés de capitaux qui se procurent leurs fonds uniquement par l'émission d'actions ou d'obligations et les investissent dans le seul dessein d'obtenir le meilleur rendement dans les meilleures conditions de sécurité.

« Ces sociétés sont donc coopératives en ce sens qu'elles ne sont que des intermédiaires entre les particuliers désireux — ou plutôt obligés — de donner une affectation à leur épargne et les industriels, entrepreneurs ou banquiers. Elles constituent également un véritable réservoir pour les emprunts d'Etat.

« Pour permettre de distinguer ces coopératives de placement, des sociétés dites « Holding », il faut noter :

« 1° Que ces coopératives s'obligent statutairement à une répartition des risques, en se refusant, par exemple, à investir plus d'une certaine proportion de leur capital dans une seule affaire ou dans une seule branche d'industrie;

« 2° Que ces coopératives s'interdisent toute prise de

contrôle d'une société, banque, etc., et toute intervention dans la gestion.

« Cette double caractéristique correspond à la définition des *Investment Trusts* telle qu'elle est donnée par Robintson dans son livre qui fait autorité en Angleterre: ***Investment trusts organisation and management*** »

*
* *

Les articles 44 et 45 du projet de loi en question sont ainsi conçus :

Art. 44. — Les sociétés constituées, sous quelque désignation que ce soit (omnium, holding, trustee, etc.), dans le but d'acheter et d'administrer d'autres valeurs au moyen des fonds obtenus de leurs actionnaires ou de leurs obligataires, ne pourront émettre d'obligations pour un montant supérieur à leur capital social.

Art. 45. — Les coopératives de placement dont l'objet exclusif est d'investir leur capital en valeurs mobilières bénéficieront sur les actions et obligations constituant ce capital, de l'exonération du droit de timbre proportionnel et de la taxe sur le revenu des valeurs mobilières.

Ces coopératives de placement seront tenues de publier en annexe du bilan annuel, le détail de leur portefeuille.

Elles seront soumises à tout moment, aux vérifications des contrôleurs assermentés institués par la présente loi.

Leur portefeuille ne devra pas être utilisé à la couverture d'engagements commerciaux ou devra statutairement comprendre une certaine répartition de placements sûrs. Il ne pourra jamais comporter plus de 25 % du capital d'une autre société.

Ce projet de loi, dû à l'initiative du groupe socialiste de la Chambre, a suscité les commentaires suivants parus sous la plume de M. Hervé Le Grand, un de nos financiers les plus avisés :

« Le projet de loi socialiste présenté naturellement pour assurer la défense de l'épargne s'étend complaisamment, sur les coopératives de placement de capitaux dites *Investment Trust.* Qui pourra expliquer l'engouement non dissimulé du parti socialiste en faveur de cette forme de combinaison financière infiniment redoutable parce que non limitée dans le temps et dans son objet. Nous allons voir les critiques violentes du groupe Vincent Auriol, Bedouce, Chastanet, contre les syndicats (M. Vincent Auriol trouverait auprès de l'agent de change Moureau les explications les plus complètes!) Elles sont plaisantes, quand on imagine qu'elles s'accompagnent de l'apologie des Investment trust, dont la seule société de ce genre qui existe en France, tout au moins elle le prétend, est en tout cas étroitement en rapport avec M. Alexandre Varenne; tout cela est bien curieux. Mais revenons au texte même du projet pour relever une erreur de belle taille, — elle se glisse dans la cinquième partie —, observons au passage que la Bourse et les syndicats sont l'objet de longues dissertations, mais que la publicité financière est pudiquement traitée, si l'on peut dire, en quelques lignes. La question semble négligeable aux parlementaires S. F. I. O., la prolixité dont ils font preuve par ailleurs nous paraît devoir écarter l'excuse de l'ignorance; félicitations aux distributeurs dont on ne soupçonne pas assez le rôle formidable dans la vie de la presse actuelle, qui ont su si bien se faire oublier. Arrivons au cœur du projet, au point névralgique : les syndicats.

« Et d'abord, est-il besoin de préciser que nous faisons nôtres les critiques justifiées et fondées qu'on a pu élever contre cette coalition qu'est le syndicat, qui développe fâcheusement l'esprit de spéculation, entraîne les épargnants les plus modestes à jeter leurs économies au creuset de la spéculation, fausse gravement le sens des transactions par la concentration des titres qu'il permet et même du simple point de vue boursier retire au marché des clients pour les transformer en syndicataires, si bien qu'on aboutira à ce paradoxe : une clientèle se sera partagé une valeur à la constitution du groupe initial, si bien qu'il n'y aura plus d'acheteurs pour absorber le titre à son arrivée sur le marché. Mais s'il est des critiques exactes, il est des naïvetés qu'il ne faut pas formuler. Or, voici celle que nos auteurs étalent à propos des syndicats d'introduction.

« Nos réformateurs ont pris simplement l'effet pour la cause et semblent avoir méconnu totalement une vérité qui semble une La Palissade, tant elle est élémentaire, c'est-à-dire en fait tant elle est le bon sens. C'est que les titres ne viennent pas à la cote par une génération spontanée, il faut les introduire. Qu'est-ce à dire? Rassembler des titres pour les faire coter et assurer régulièrement les négociations ultérieures donc en grouper un nombre important pour qu'au jour même de la première cotation et les jours qui suivent, les demandes et les offres soient satisfaisantes, donc encore une fois qu'il y ait un volume suffisamment ample de titres pour que vendeurs ou acheteurs rencontrent une contre-partie. Mais alors, ces titres, ces nombreux titres, vont-ils venir tout seuls, présentés au hasard par les porteurs qui s'ignorent et qui spontanément, sur leurs titres souscrits à l'origine, vont en vendre ou acheter comme cela, quelques-uns au petit bonheur et dans le désir d'assurer la cotation. Un garçon d'intelligence moyenne comprendrait que c'est absurde. Il est bien vrai qu'il y a blocage de titres; mais nous voudrions bien qu'on nous expliquât comment les titres peuvent être cotés si préalablement un groupe n'en a pas acheté aux tout premiers souscripteurs, titres que le groupe bloque en les mains de gérants qui, au jour d'introduction, pourront servir les demandes faites sur le marché et qui inversement ont rassemblé des fonds pour racheter, au cas où d'autres souscripteurs d'origine profiteraient du jour d'introduction pour vendre leurs titres souscrits et briser net le marché. On se doute bien que la besogne du groupe introducteur n'est pas terminée le jour de la parution de la valeur à la Bourse; ce même rôle de stabilisateur, de distributeur ou de réceptionnaire, il faudra le tenir plusieurs semaines, plusieurs mois, jusqu'à ce que les titres soient éparpillés, répartis dans le grand public. Petit à petit la diffusion s'est faite et l'équilibre des cours s'établit. Ceux-ci ne varieront plus que sous l'action de nouvelles propres à l'entreprise ou sous l'influence de l'état général de la Bourse, mais alors ils subiront le sort commun. La publicité aura marché pour l'introduction, insinuent nos bons apôtres. Là encore, nous avouons ne pas savoir comment un titre qui apparaît pour la première fois à la cote se fera connaître du public, si les journaux ou les agences ne le font pas savoir et ne publient pas des notices ou des études sur la nouvelle affaire. Nous voudrions bien que le groupe Georges Blum nous expliquât comment on apprendra l'existence d'un produit, d'une attraction même si la publicité ne s'en est pas, dans une certaine mesure, emparée. Encore un coup l'erreur grossière que révèlent ces lignes du projet socialiste, c'est de travestir ou même cacher les opérations préliminaires et obligatoires à la cotation d'une valeur, c'est d'oublier qu'avant qu'elle soit, il faut la faire naître. Que les abus soient multiples, que les scandales se succèdent, qui le conteste? pas précisément ici. Mais nous distinguons, nous ne confondons pas les effets et la cause. On pourrait continuer la lecture du projet, on y relèverait encore d'autres erreurs, d'autres affirmations puériles témoignant ou du goût de l'inexact ou de la méconnaissance du sujet traité. Cela finit naturellement par la proposition de création de nouveaux corps de fonctionnaires. — Ces deux exemples entre autres montrent que les parlementaires socialistes sacrifient délibérément l'observation des faits au sectarisme de parti et le plus vil, celui qui consiste à se prétendre le défenseur des épargnants, des humbles, et sous le couvert de l'étude de questions délicates

et complexes, de pousser jusqu'au cynisme l'art de berner le prolétariat. »

*
* *

Enfin on lira certainement avec le plus vif intérêt l'appréciation de M. Maurice Germain, directeur du *Journal des chemins de fer, des mines et des travaux publics* sur les *Investment's Trust* :

« Il en est beaucoup question actuellement. Ces dénominations à la fois étranges et barbares plaisent au public; elles ont pour lui l'attrait du mystère et de la nouveauté.

« Mais, faute d'avoir tout d'abord précisé la terminologie, il arrive que l'on confond des organismes, similaires en apparence, mais qui n'ont, en fait, ni les mêmes buts, ni la même organisation, ni les mêmes moyens d'action. Ce n'est pas un des moindres mérites du livre si pénétrant de M. Janin : *Les Sociétés en participation* que d'avoir apporté quelque lumière sur la question et de s'être essayé à une classification rationnelle des différentes sortes de sociétés de participations. Nous nous bornons à envisager ici le cas des Investment's Trusts comme étant, à la fois, le plus nouveau et le plus intéressant, au point de vue de l'évolution des méthodes de placement dans le monde moderne.

« Les Investment's Trusts, pour les appeler par leur dénomination anglaise, pays où ils se sont développés rapidement, sont uniquement des organismes de placement. Ces Sociétés tendent à se constituer un portefeuille titres pour en tirer le plus gros revenu possible, à l'exclusion de toute idée de contrôle ou de direction des affaires dans lesquelles elles prennent une participation. Le capitaliste qui achète des actions du Trust fait donc un placement indirect. Il s'en remet sur celui-ci de la composition et de la gérance de son patrimoine.

« En faveur des Investment's Trusts, on fait valoir ordinairement les arguments suivants :

« 1° Le Trust disposant de capitaux importants, peut pratiquer la politique de division des risques jusqu'à l'extrême bien plus qu'un simple capitaliste qui, ce faisant, morcellerait son capital en d'infimes parcelles. La division des risques s'opère, à la fois, par industrie de façon qu'une crise passagère sur une industrie n'affecte la totalité des revenus du Trust, et aussi au point de vue géographique, pour éviter également une rupture d'équilibre à la suite de remous économiques graves affectant l'économie tout entière d'un pays. Enfin, le portefeuille d'un trust sera harmonieusement composé d'actions et d'obligations afin de remédier aux fluctuations cycliques du taux de l'argent dans le monde.

« 2° Disposant ainsi d'une solide base, le Trust peut se permettre, dans une proportion réduite, certaines opérations spéculatives intéressantes, telles que l'acquisition de titres n'ayant pas encore donné de revenus, ou d'une valeur discutable, mais présentant de sérieuses probabilités de relèvement.

« 3° Le Trust n'a pas à se préoccuper, comme un simple capitaliste, de garder son patrimoine en état de constante liquidité. S'il était obligé de procéder à des réalisations de titres, celles-ci, en tout cas, pourraient toujours s'effectuer avec facilité et sans provoquer de remous boursiers en raison de la faible importance numérique de chaque participation.

« 4° Enfin, le Trust est normalement aux mains de spécialistes expérimentés des questions économiques et financières, qui font bénéficier les participants de leur activité, de leurs connaissances et de leur expérience. Les qualités professionnelles de ces gens de l'art se trouvent étayées par une documentation importante et par les travaux d'importants services d'études financières. Bref, tout un laboratoire économique et financier éclaire, contrôle et corrige à tout moment la politique générale de l'Investment's Trust.

« Ce dernier argument est, à n'en pas douter, le meilleur de ceux qui sont donnés en faveur des Sociétés de placement. Mais, s'il est certain qu'un simple capitaliste ne possède ni l'expérience d'un professionnel, ni les possibilités d'entretenir de coûteux services d'étude, par contre, la question de l'habileté de la gestion reste la pierre angulaire de la combinaison. M. Janin, dans son livre, signale que, dans la plupart des cas, le Conseil d'administration de l'Investment's Trust, est enserré dans des règles statutaires strictes prescrivant les qualités requises à exiger de toute participation, ainsi que le quantum de titres à acquérir, par nationalité, par genre de titres ou par sorte d'industrie. On aura une image très exacte des trusts anglais par l'étude du seul Investment's Trust connu en France et coté à la Bourse de Paris : *L'Union Trust*, que nous avons précédemment étudié dans notre supplément du 20 mai 1929 (p. 68). Les statuts de cet organisme ont déterminé, en pour cent, les proportions à respecter entre les différentes sortes de titres, ainsi qu'entre les différents groupes de valeurs de la Bourse de Paris.

« Mais ces règles ne doivent pas faire illusion et, en définitive, l'actionnaire d'une Société de placement doit considérer qu'il donne, en fait, un blanc-seing complet à son Conseil d'administration. Les règles statutaires, si strictes soient-elles, paraissent avoir plus d'inconvénients que d'avantages. On ne voit pas qu'elles soient une entrave sérieuse à des visées spéculatives ou à une politique imprudente d'un Conseil d'administration oubliant l'état d'esprit même qui doit gouverner un trust de placement. En définitive, l'Investment's Trust vaudra ce que vaudront les hommes qui sont à sa tête.

« Les Investment's Trusts ne se sont pas développés en France. Il faut en voir la raison à la fois dans le caractère particulariste de nos nationaux et dans les dispositions draconiennes de notre Code fiscal qui frappe de l'impôt cédulaire sur les revenus à la fois les dividendes encaissés par le Trust et les répartitions qu'il distribue à ses propres actionnaires. De ce fait, une même matière imposable se trouve touchée deux fois par l'impôt, ce qui est illogique, injuste et contraire aux grandes règles de la fiscalité française.

« Sans doute, la loi du 31 juillet 1920, en instituant le dégrèvement de la première perception, a fait un large pas dans la voie d'un statut plus large et plus compréhensif des nécessités sociales. Mais le législateur a mis immédiatement des restrictions qui retirent à la loi du 31 juillet 1920 toute portée pratique. Il faut, en effet, comme condition *sine qua non*, que les deux sociétés soient françaises, qu'elles soient par actions, que les titres soient et demeurent nominatifs et qu'ils aient été acquis soit à l'origine de la société, soit à l'occasion d'une augmentation de capital. Ainsi se trouvent exclus du privilège de la loi les Trusts qui voudraient composer la plus grande partie de leur portefeuille en valeurs étrangères ou par achats en Bourse de valeurs françaises. De nombreuses propositions ont été du reste déposées pour remédier à ces imperfections, et pour permettre aux sociétés de placement de prospérer en France comme elles prospèrent à l'étranger.

« La formule des Investment's Trust est ingénieuse ; par ces temps de rationalisation, elle plaira à de nombreux esprits qui pensent que la gestion d'un patrimoine devient chaque jour plus compliquée, et qu'elle sera, de plus en plus, une véritable spécialisation. Bien entendu, il restera toujours aux capitalistes à savoir choisir un organisme qui sera aux mains de gens compétents et scrupuleux. Mais ceci, comme disent les Anglais, est une autre histoire. »

L'une des conséquences de la guerre a été, outre-Atlantique, l'accroissement formidable de la fortune publique et parallèlement, l'augmentation des disponibilités particulières.

Tandis que les dépôts des grandes banques américaines révélaient une progression ascendante constante, les capitaux disponibles de la moyenne et de la petite épargne ont été drainés par des sociétés financières à statuts spéciaux, appelées « investment trusts ».

Il y avait en Amérique, dès avant la guerre, des Investment trusts. Ces sociétés étaient gérées pour le bénéfice d'un nombre limité de participants, sans faire appel au public. L'*Investment Trust* à la façon anglaise, avec une large publicité et de grosses émissions, est aux Etats-Unis essentiellement une évolution d'après-guerre. Le nombre de ces sociétés dépasse aujourd'hui cinq cents. Les capitaux employés se chiffrent par milliards de dollars. C'est dire le succès foudroyant de cette forme de placement.

« Les sociétés financières ou « omniums » dits Investment Trusts sont de plus en plus à la mode aux Etats-Unis, écrit la *Revue des Valeurs Américaines*, où elles procèdent à des fusions entre elles destinées à augmenter la puissance des unités qui subsistent. Il y a lieu de distinguer soigneusement entre les « holding companies », au sens américain du mot et les « investment trusts ». Les premières se substituent au point de vue finance à une ou plusieurs sociétés exploitantes dont elles détiennent le contrôle au moyen d'une majorité des actions. Les secondes, les « investment trusts », en tant que telles, ne visent pas à diriger les destinées des compagnies ou des sociétés dont elles achètent les titres. Elles ont pour but de faire des bénéfices sur ces achats et d'en retirer un revenu substantiel. »

Selon cette même revue « ces investment trusts au nombre de plusieurs centaines, vont certainement avoir une influence de plus en plus grande sur le marché. Il faut les considérer comme de puissantes organisations qui tantôt achètent, tantôt s'abstiennent, et tantôt sont vendeurs. Dire qu'elles ont fourni la plus grande partie de la force qu'on sent dans le marché à la hausse des années récentes n'est pas l'expression de la vérité. Il serait plus exact de dire que les « investment trusts » sont un instrument au moyen duquel le pouvoir d'achat acquis indépendamment d'eux s'est manifesté sur le marché des valeurs pour une part grandissante, et sans doute destinée à grandir encore davantage. »

Signalons pour finir que, pour favoriser la diffusion des titres dans la clientèle directement ou dans les investment trusts, les banques ont procédé en grand, ces dernières années, à la division des actions ordinaires des sociétés industrielles dont le nominal était trop élevé.

Cette politique fait remarquer la *Vie Financière* a eu le succès que l'on sait, et, en présence du formidable intérêt que les opérations de Bourse ont suscité dans le grand public américain, les banques viennent de traverser une période de prospérité pour ainsi dire sans précédent. Dans le courant de l'année 1928, le nombre des banques mises en liquidation aux Etats-Unis a été de 371 seulement contre 662 en 1927. Ce sont en général de très petites affaires locales, et aucune banque importante n'a été touchée.

CHAPITRE III

Les syndicats financiers. — Syndicat de garantie. — Syndicat d'émission. — Syndicat de réalisation. — Syndicat animateur ou d'influence. — Leur définition, leur but, leur rôle et leurs différentes formules. — Leur validité est reconnue par de nombreuses décisions de justice. — Opinions et commentaires de nombreux auteurs qui font autorité. — Modèles de rédaction d'actes syndical, de société de gérance et de groupement d'opérations en commun.

Dans notre ouvrage *Dictionnaire pratique des opérations de Bourse et de Banque* nous avons écrit à propos des syndicats financiers :

« Les *syndicats* sont des associations libres formées entre personnes exerçant la même profession, comme les syndicats agricoles, syndicats ouvriers. A la Bourse des valeurs, on désigne par syndicat, la réunion de plusieurs banques, banquiers, ou financiers momentanément associés pour provoquer, soit la hausse, soit la baisse de telle valeur au moyen d'achats ou de ventes énormes, accompagnées la plupart du temps d'une campagne de presse. Le plus souvent, cependant, ces syndicats ont pour but de faciliter le placement des titres mal classés ou non placés.

« On appelle *syndicat de garantie* une association libre en participation entre banquiers, financiers ou capitalistes qui se syndiquent pour garantir le succès d'une émission, c'est-à-dire que les adhérents s'engagent à souscrire la portion du capital non souscrite par le public, pour lancer au moment opportun la quantité de titres ainsi détenus.

« La Doctrine et la Jurisprudence reconnaissent aujourd'hui la validité des syndicats de placement ou de garantie en matière d'émission de valeurs mobilières.

« Que l'on ait, en modifiant les dispositions certainement insuffisantes du Code pénal, combattu les opérations syndicales à la hausse ou à la baisse, lorsqu'elles sont entachées de dol ou de fraude, rien de plus juste. Mais n'est-il pas excessif et dangereux, en l'absence de l'emploi de tout moyen et de tout procédé frauduleux, de retenir contre les dirigeants et contre les membres de ces syndicats, l'existence d'un délit, du seul fait qu'un tribunal aura estimé que le bénéfice réalisé ou simplement envisagé (puisque la loi nouvelle punit même la tentative) dans une opération déterminée n'est pas « le résultat naturel de l'offre et de la demande ».

« Quand ce résultat cessera-t-il d'être naturel? Quand l'altération des prix, en hausse ou en baisse, deviendra-t-elle « artificielle » pour reprendre la terminologie du législateur? On le conçoit facilement en cas d'emploi de moyens frauduleux (faits faux ou calomnieux semés dans le public, suroffres, coalitions, etc.), encore tous les participants d'un syndicat financier, par exemple, ont-ils la possibilité de s'en apercevoir?

« Et devant la brume de cet élément délictuel, n'y a-t-il pas un danger très grand à laisser à l'arbitraire du juge le soin de décider souverainement qu'un délit, ou une tentative de délit de cet ordre existe du seul fait qu'il estime trop élevé le bénéfice réalisé ou simplement espéré.

« Sans doute, la loi accorde aux justiciables une garantie appréciable : elle les autorise, en cas de poursuites, à se faire assister d'un expert désigné par eux pour défendre leurs intérêts en face du juge d'instruction.

« Ce n'est pas non plus la gravité des garanties que nous

discutons : le droit de défense de tout individu, quelle que soit sa culpabilité, doit être respecté. Ce n'est pas non plus la gravité des peines infligées par la loi aux délinquants; elles ne nous paraissent pas excessives, d'autant plus que l'application de l'article 463 du Code pénal et la faveur de la loi de sursis permettent de les atténuer grandement : emprisonnement de deux mois à deux ans, amende de 2.000 à 100.000 francs, publication obligatoire du jugement de condamnation et affichage à la porte du condamné. »

*
* *

A ce sujet, il est utile de reproduire le passage de la loi du 3 décembre 1926, modifiant l'article 419 du Code pénal. *Tous ceux :*

« 1° *Qui, par des faits faux ou calomnieux semés notamment dans le public, par des offres jetées sur le marché à dessein de troubler les cours, par des suroffres faites aux prix que demandaient les vendeurs eux-mêmes, par des voies ou moyens frauduleux quelconques;*

« 2° *Ou qui, en exerçant ou tentant d'exercer, soit individuellement, soit par réunion ou coalition, une action sur le marché dans le but de se procurer un gain qui ne serait pas le résultat du jeu normal de l'offre et de la demande;*

« 3° *Auraient, directement ou par personne interposée, opéré ou tenté d'exercer la hausse artificielle du prix des denrées ou marchandises ou des effets publics ou privés, seront punis d'un emprisonnement de deux mois à deux ans et d'une amende de 2.000 à 100.000 francs.*

« Avant cette modification, les actionnaires trompés, volés, escroqués n'avaient guère à leur disposition que la loi de 1867 pour lutter contre ceux qui les exploitaient et elle ne s'appliquait que dans des cas limitativement déterminés.

« Il n'en est plus ainsi depuis que la loi du 5 décembre 1926 a modifié l'article 419 du Code pénal.

« Cet article qui, précédemment, ne comportait pas les titres des entreprises industrielles, était soumis à de telles conditions d'application qu'il ne pouvait guère être utilisé, même pour punir l'accaparement des denrées.

« *Il n'en est plus ainsi désormais. Rendu applicable aux actions et obligations de toutes les sociétés financières*, dégagé de toutes les conditions qui le compliquaient et empêchaient de l'utiliser, l'article 419 punit même *la tentative des délits qu'il prévoit.*

« Il suffira maintenant, pour être condamné que dans le but de faire monter ou baisser les cours d'une valeur on ait affirmé un fait inexact même verbalement, ou bien que l'on ait fait des demandes ou des offres exagérées de titres à la Bourse, ou employé un moyen frauduleux quelconque.

« Dans tous ces cas, les coupables, sans qu'il soit besoin, comme autrefois, d'être administrateurs ou fondateurs de la société, seront condamnés à une peine correctionnelle.

« Il est bien entendu qu'ils seront en outre condamnés, vis-à-vis des personnes qui auront été trompées, à des dommages-intérêts pour réparer le préjudice subi et si ces dommages-intérêts ne sont pas payés, les victimes auront la faculté d'exercer la contrainte par corps et pourront faire emprisonner les délinquants, même si ces derniers n'ont été condamnés qu'à *une simple amende*. De cette façon, les victimes seront presque certaines d'être remboursées.

« Cette modification de l'article 419 est une véritable révolution en matière de sociétés.

« Les circulaires qui annoncent à la légère certains faits qui peuvent déterminer la hausse ou la baisse du cours de certaines valeurs devront désormais vérifier ce qu'elles avancent.

« Les Conseils d'administration qui, à la veille d'augmentation de capital et dans bien d'autres cas, font publier certains communiqués donnant des renseignements qui sont plus tard démentis, seront plus que d'autres responsables vis-à-vis des actionnaires ainsi trompés. Les banquiers, commis de banque, remisiers, démarcheurs, devront désormais surveiller leurs conseils écrits ou oraux.

Quant aux gros agioteurs qui achètent de nombreux titres, en vue de faire monter fictivement les cours, ils feront bien, avant d'entreprendre leurs opérations, de penser au juge d'instruction qui les attend. Ils ne pourront même pas imaginer de nouveaux moyens pour accroître encore leur scandaleuse fortune, car la loi a prévu ces tentatives et ajouté aux faits qu'elle condamne, les voies et moyens frauduleux quelconques. Si ces personnages se risquent à enfreindre la nouvelle loi, il leur en coûtera jusqu'à deux ans de prison et 100.000 francs d'amende, sans compter les dommages-intérêts à payer aux actionnaires lésés ».

*
* *

Empruntons à M. Charles Jean, écrivain financier érudit, ces quelques précisions sur la question syndicale.

« Je me rends compte que la formule syndicale, si elle est appliquée par nombre de maisons de Paris et de province, est encore quelque chose d'assez obscur dans l'esprit d'une grande partie de la clientèle.

« En Finances comme en Politique, comme en matière commerciale et comme en toutes choses, on évolue. Aujourd'hui plus que jamais, on est obligé, pour défendre son patrimoine, pour faire fructifier son avenir, pour retirer de la Bourse des profits intéressants de se tourner vers cette façon de travailler qui est, à mon avis, une des plus intéressantes pour le public, une des plus commodes pour les Organismes Bancaires et celles qui a devant elle, le plus bel avenir.

« Je suis heureux de pouvoir intéresser des milliers de lecteurs par mes développements sur une question qui était jusqu'ici très peu connue, et qu'on pouvait considérer en somme comme une espèce d'exclusivité entre les mains de quelques puissants groupements spécialisés.

Ainsi un Groupement Financier ou Syndicat se constitue pour stabiliser les cours d'une action ou d'une part. Ce groupement, s'appuyant sur des données techniques ou des renseignements qu'il obtient habituellement des sociétés ou des administrateurs, considère à juste raison que les cours pratiqués sur ce titre ne tiennent pas compte de sa valeur intrinsèque et de ses perspectives d'avenir.

« Le groupement faisant ressortir les éléments qui interviennent dans le calcul du prix réel de ce titre, celui-ci peut entreprendre une hausse, fort intéressante pour les porteurs. A l'effet d'opérer comme il convient, tant pour l'achat que pour la vente des titres, il est constitué un syndicat à un capital X, divisé en parts d'un montant X.

« C'est alors que se fait sentir le besoin du commandement unique. Il est évident que si, pour le compte syndical plusieurs personnes ou plusieurs maisons avaient pouvoir d'opérer sur le marché, il manquerait la coordination indispensable à la réussite de l'opération.

« Achetées par le gérant du groupement, les actions ou les parts de la société sont centralisées entre ses mains en attendant le moment favorable pour les vendre sur le marché. J'insiste sur ce point que la quantité d'ordres de vente et d'achat étant connus par le directeur de groupement, ces ordres ne subissent pas les à-coups plus ou moins précipités qui ne sont propices qu'à une certaine qualité de spéculateurs dont le portefeuille n'a pas à soigner les intérêts.

« C'est ainsi qu'il est possible de raréfier les offres sur le Marché, tel jour où il n'y a pas de demandes ou que celles-ci sont réduites; contrairement, on peut, pour freiner une hausse précipitée et souvent sans lendemain, céder les titres, pour satisfaire aux demandes. Mais, et c'est là, le point principal sur lequel j'insiste fortement, les syndicataires qui ont versé une somme X, montant de leur part syndicale n'ont pas à intervenir eux-mêmes dans le libellé des ordres et ne sont que des participants dans l'affaire globale, c'est-à-dire, que si le syndicat réussit à réaliser les bénéfices par la vente des titres qu'il a achetés à un cours intéressant, ces bénéfices, après énumération du travail de gérance, sont répartis au prorata des participations.

« A aucun moment, les participants ne peuvent prendre possession des titres et sont en somme des associés dans une société en participation dont l'objet bien déterminé est d'acheter et de vendre une certaine catégorie d'actions et de parts, sur des données techniques ou sur des tendances générales, raisons toujours exposées à la constitution du groupement. Il est un point qu'il ne faut pas négliger, c'est que chaque participant ayant intérêt à ce que le syndicat réalise des bénéfices élevés, communique, parmi ses relations, le renseignement qui lui est donné de bonne source puisque lui-même est partie agissante et c'est cette propagande répétée, à allure désintéressée, qui provoque sur le Marché le maximum de demandes et porte de ce fait le titre en question, à son cours véritable.

« Car l'objet d'un tel groupement n'a rien d'une association qui cherche par des procédés quelconques, à provoquer un mouvement spéculatif, mais il consiste à faire atteindre à une action ou à une part, un cours réel justifié par l'actif de la société, par son passé, par sa réputation et par ses perspectives d'avenir. Il n'y a donc pas de confusion possible : un syndicat financier est une société en participation constituée à l'effet d'acheter et de vendre tel ou tel titre dont les cours ne tenaient pas compte de sa valeur intrinsèque. Les bénéfices qu'on peut en retirer sont partagés à la fin de l'opération entre les participants en autant de parties égales qu'il y a de parts syndicales et au prorata du nombre de celles-ci, souscrites par eux. Je n'ai parlé que des syndicats constitués sur un titre coté mais un syndicat peut aussi bien être constitué en vue de garantir une augmentation de capital, pour préparer une introduction à la Bourse, pour lancer une affaire, etc. »

*
* *

En octobre 1926, la première Chambre de la Cour d'Appel de Paris, a décidé ce qui suit :

« La validité des syndicats de placement ou de garantie en matière d'émission de valeurs mobilières n'est pas contraire à la législation en vigueur.

« Rien ne s'oppose à ce que les membres de ces syndicats réalisent un bénéfice, en majorant le prix de vente de ces valeurs, quand leurs opérations ne sont pas entachées de dol ni de fraude.

« La loi récente du 3 décembre 1926, donne un très grand intérêt aux deux décisions intervenues et l'arrêt du 6 janvier 1927 a une portée considérable.

« En effet, malgré le texte de la loi du 3 décembre 1926, il maintient la validité des syndicats et ce, à très juste titre, puisque l'article 419 du Code Pénal récemment modifié, applique les peines atteignant les coalitions à ceux qui auront directement ou par personnes interposées, opéré ou tenté d'opérer la hausse ou la baisse artificielle du prix des denrées ou marchandises ou d'effets publics *ou privés*.

« L'on voit donc que cet arrêt présente des conséquences considérables, en ce qui concerne la validité des syndicats de placement ou de garantie, en matière d'émission de valeurs mobilières.

« Toutes les fois que les opérations pratiquées par les membres de ces syndicats ne seront pas entachées de dol ou de fraude, le bénéfice réalisé, quelque important qu'il soit, ne sera pas considéré comme répréhensible et pouvant donner lieu à une action judiciaire ».

*
* *

Longtemps, la question de savoir si les syndicats d'émission d'actions à primes tombent sous l'application de l'article 419 du Code Pénal, qui interdit de fausser le cours des marchandises ou des papiers et effets publics, fut controversée.

La Cour de Paris, le 19 mars 1883 et le 27 décembre 1884 et la Cour d'Appel de Lyon, le 12 mars 1885, s'étaient prononcées pour l'affirmative. Puis la Cour de Cassation (Chambre Criminelle) le 30 juillet 1885, le 25 mai 1886, avait décidé que les actions ou obligations d'une Société ne rentraient pas plus sous la dénomination de marchandises qu'elles ne rentraient sous celle d'effets publics et que les spéculations dont elles pouvaient être l'objet ne tombaient pas sous le coup de l'article 419.

Depuis cet arrêt, la Cour d'Appel de Paris, les 18 mars 1887, 28 avril 1887, 9 avril 1888 et 18 juin 1888, et la Cour d'Appel d'Orléans, 24 juillet 1890, s'étaient rangées à cette opinion.

Mais il était intervenu, en raison de ce fait, que certains Syndicats, au lieu de se contenter de primes modérées, se livraient à des spéculations plus ou moins avouables, et même donnaient lieu aux fraudes les plus graves et il était intervenu, à la date du 23 juin 1924, un jugement de la 3e Chambre du Tribunal de Commerce de la Seine, posant les principes suivants.

1° Si les Syndicats d'émissions d'actions d'une Société anonyme peuvent, dans certains cas, d'après la jurisprudence, être considérés comme licites, quoique constitués en vue de spéculer sur les actions d'une Société qui n'est pas encore constituée, ce n'est qu'en raison de cette forme de la Société que ces Syndicats paraissent à l'abri des sanctions pénales prévues par l'article 14 de la loi du 24 juillet 1867;

ils apparaissent cependant en contradiction avec l'esprit du législateur;

2° Mais, lorsque l'objet d'un Syndicat est d'accaparer la totalité des titres, avant même leur émission, pour en disposer à son gré, leur attribuer spéculativement une valeur majorée et créer un cours factice, on ne saurait trop sévèrement qualifier de pareilles manœuvres, de nature, à jeter le discrédit sur les opérations d'émission et à amener un trouble sérieux dans les transactions;

3° Une telle méthode est en contradiction avec le principe de la loi de l'offre et de la demande, qui ne peut plus jouer librement, en contradiction également avec les principes qui ont entraîné la jurisprudence relative aux hausses illicites;

4° Et, lorsqu'il est d'ailleurs établi que les gérants du Syndicat s'étaient mis dans cette situation spéciale, soit de ne plus avoir la libre disposition des titres qu'ils faisaient souscrire, soit de ne pouvoir remplir le mandat de gestion qui leur était confié, les conventions par lesquelles la souscription d'un adhérent a été obtenue dans de pareilles conditions, apparaissent entachées de dol et frappées de nullité, en vertu des articles 1108, 1172 et 1116 du Code civil.

Le jugement du Tribunal de Commerce semblait être un ressouvenir de la première jurisprudence de la Cour de Cassation en matière de syndicats déclarés illicites, en vertu de l'article 419 du Code Pénal.

Il méconnaissait également la jurisprudence en vigueur, en ce qui concerne la légitimité des ventes avec primes.

*
* *

Bien entendu, il y a syndicat et syndicat, comme il y a fagot et fagot. S'il est exact qu'il y a des syndicats qui, par des influences artificielles, tendent à fausser les cours pendant plus ou moins longtemps, il n'en est pas moins vrai qu'à côté de ces groupements à visée plus ou moins obscure et dont il faut évidemment se méfier, il y a des syndicats qui n'ont pas besoin de se cacher, qui ne travaillent pas sournoisement et qui supportent la lumière du grand jour. Ce sont les *syndicats-animateurs*, dont la formation et l'existence sont aujourd'hui, à notre avis, une nécessité boursière, puisqu'ils ont le rôle important de dénicher soigneusement des titres dont les cours sont au-dessous de leur valeur intrinsèque, et de les faire apprécier du grand public, en faisant intervenir la publicité qui engendre la hausse; en d'autres mots : les syndicats-animateurs ont pour objet de porter à leur valeur réelle les titres qui sont pour toutes sortes de raisons injustement dépréciés et insuffisamment appréciés.

Supposons que dans la vie d'une société un événement favorable vienne de se produire ou soit attendu; il n'est connu que par un nombre très restreint de personnes. Celles-ci se joignent à quelques amis ou clients pour former un syndicat qui achètera discrètement aux cours les plus favorables le plus de titres possible. Ce syndicat forme en quelque sorte la première couche d'acheteurs. Mais, aussi habilement que cette concentration se fasse, elle n'échappe pas aux habitués de la Bourse. Les achats de ces professionnels qui, avec leur clientèle immédiate, forment la deuxième couche d'acheteurs, donnent déjà au titre visé une grande impulsion. L'importance du bénéfice que le syndicat peut alors déjà enregistrer augmente par le simple jeu de la loi de l'offre et de la demande. Mais, pour donner une nouvelle impulsion au titre, pour le porter à sa valeur intrinsèque, le syndicat fait intervenir la publicité, faisant connaître les nouvelles favorables concernant la société. Le gros des spéculateurs qui forment la troisième couche d'acheteurs, se portent alors sur le titre dont le cours ne cesse de monter. Le titre étant arrivé à son point de saturation, le syndicat prendra prudemment son bénéfice, opérations licites et claires.

La constitution des syndicats dont font surtout partie les petits et moyens spéculateurs est aujourd'hui devenue, comme nous l'avons déjà dit, une véritable nécessité boursière. Combien de fois n'a-t-on pas vu quelques gros capitalistes écraser littéralement les petits spéculateurs qui, agissant individuellement, sont absolument impuissants? Pourquoi la petite et moyenne épargne ne se coaliserait-elle pas pour faire face collectivement, sous forme de syndicats, aux manœuvres parfois très basses des gros spéculateurs? Aujourd'hui où tout, dans tous les domaines, tend à la concentration des efforts, il n'est que logique que les petits et moyens spéculateurs aient recours à l'action collective, en réunissant, dans les syndicats-animateurs, leurs moyens d'action qui, individuellement employés, seraient impuissants.

D'autre part, n'est-il pas tout naturel que les animateurs de ces syndicats aient tout intérêt à ne pas crier sur les toits leurs intentions? Les participants aux syndicats supportent des risques et des frais. N'est-il pas juste qu'ils profitent en première ligne de leur opération et qu'ils évitent autant que possible les spéculateurs parasitaires.

On peut donc dire, en conclusion, que les syndicats-animateurs qui ont pour but la concentration de petits moyens pour obtenir collectivement des bénéfices plus tangibles, jouent un rôle qui est à la fois dans l'intérêt particulier de la petite et moyenne épargne et dans l'intérêt général de l'économie nationale.

*
* *

M. Marcel Cavelier, ancien membre du syndicat des banquiers, a écrit un très important ouvrage sur *La gestion des fortunes mobilières* préfacé par M. Ch. Rist, professeur à la faculté de droit de Paris; dans cet ouvrage richement documenté, l'auteur consacre un chapitre aux syndicats d'émission et aux syndicats de garantie dont il donne au surplus des formules.

Voici ce qu'écrit M. Cavelier sur ce sujet dont il parle naturellement en homme de métier et en praticien :

« En général, pour les affaires très importantes, les banques forment entre elles un *syndicat d'émission*, c'est-à-dire qu'elles garantissent aux fondateurs d'une Société nouvelle en formation ou aux administrateurs (ou aux gérants) s'il s'agit de l'augmentation du capital d'une Société déjà existante, le placement intégral de toutes les actions offertes au public. Il arrive parfois que l'émission ne rencontre qu'un succès relatif et qu'une partie des titres ne trouve pas preneur. Le syndicat de garantie doit alors partager le reliquat des titres non souscrits entre ses divers membres, ou se charger d'écouler peu à peu, pour le compte de la participation, les actions non placées.

« S'il y a souscription publique et que l'affaire paraisse offrir de belles perspectives, un nombre d'actions trop élevé se trouve souvent souscrit. Dans ce cas, les demandes doivent être réduites. Parfois, on retient seulement les premières souscriptions qui sont parvenues ou, plus généralement, on adopte le système de la réduction proportionnelle. On fait alors connaître aux souscripteurs le nombre d'actions qui leur sont attribuées : c'est ce qu'on appelle la répartition.

« Si la proportion des titres alloués, par rapport aux actions souscrites, est peu importante et que la valeur se négocie sur le marché, une partie des demandes nombreuses qui n'ont pas été servies afflue en Bourse, et le titre se traite en hausse sur son cours d'émission? On dit alors qu'il fait prime.

« Quand l'une de nos colonies ou l'un de nos départements français fait une émission n'excédant pas quelques millions, c'est souvent la Trésorerie Générale du département qui est chargée de la faire directement. Dans d'autres cas, l'emprunt est concédé à un seul banquier. Les villes françaises usent de procédés analogues. Mais dès que l'émission dépasse un certain chiffre, il ne se trouve plus d'établissement financier suffisamment puissant pour vouloir en assumer à lui seul les risques.

« Les principales institutions de crédit constituent alors un groupe appelé *Syndicat de garantie*, qui prend ferme la totalité de l'émission et qui s'engage à en verser le montant intégral à l'Etat ou à la Société qui contractent l'emprunt.

« Les *Syndicats d'émission* ont été définis par M. Le Roy dans un opuscule : « Une association en participation formée généralement entre financiers et banques dans le but de partager les bénéfices résultant de l'introduction dans le public des titres acquis et apportés, ou garantis par chaque syndicataire ou certains d'entre eux, et de répartir éventuellement sur la masse les titres implacés », et par M. E. Thaller : « Une association formée entre divers banquiers pour prendre en bloc et pour introduire ensuite en détail dans le public, suivant les proportions arrêtées entre eux, le capital-actions ou le capital-obligations d'une Société ».

« Les risques se trouvent alors supportés solidairement ou répartis proportionnellement à l'intérêt que chacune des banques faisant partie du groupe a cru devoir prendre dans l'opération.

« Les *syndicats de garantie* sont donc réellement responsables des engagements qu'ils prennent; les risques pécuniaires qu'ils subissent sont indéniables et l'ensemble des garanties qu'ils offrent généralement aux emprunteurs évite à ces derniers toute surprise fâcheuse. Mais il se crée parfois des syndicats d'une nature différente qui sont loin d'offrir aux emprunteurs des sûretés aussi grandes et des garanties aussi réelles; ce sont les *syndicats à option*.

« Les *syndicats à option* se distinguent des précédents en ce sens qu'au lieu de garantir la totalité de l'émission, ils n'en cautionnent qu'une partie, par exemple la moitié, ou un quart, ou un cinquième seulement, et ce moyennant une ristourne convenue et une option sur la partie non garantie de l'émission. L'option est le droit de prendre livraison d'une quantité de titres donnée, à un cours et à une échéance fixée d'avance. Quand une émission faite dans ces conditions se trouve entièrement couverte, le syndicat gagne la ristourne stipulée et use du droit d'option qu'il s'est assuré à un cours inférieur au cours d'émission. Les titres étant entièrement souscrits par le public, il se contente de les livrer en bénéficiant de la différence de cours. Quand l'émission n'a pas de succès, le syndicat renonce à user de son droit, il « abandonne » l'option. Si la fraction dont il a garanti la souscription ne se trouve pas entièrement couverte, il est tenu de prendre livraison des titres constituant la différence entre le montant souscrit et le montant garanti, et d'en payer la valeur.

« Les émissions sont donc des opérations très complexes, dont les dessous sont généralement ignorés du public. Mais le procédé de la souscription publique convient surtout aux emprunts qui atteignent déjà une certaine importance.

« Les groupements de capitalistes désireux d'effectuer en Bourse des opérations en commun et qui réunissent dans ce but quelques centaines de mille francs ou quelques millions, suivant l'objectif recherché, sont de plus en plus nombreux. Ces groupements de capitaux permettent des opérations extrêmement intéressantes dont nous donnons un aperçu, dans les rubriques qui suivent. Ils permettent l'emploi de la publicité à bon escient, grâce à l'importance des capitaux engagés.

« Nous avons décrit les opérations des *Syndicats d'émission*, constitués par des banquiers. Mais les banques n'ont pas le monopole de ce genre d'opérations. Pour les affaires de modeste envergure ou qui ne dépassent pas quelques millions, beaucoup de sociétés industrielles jugent inutile de s'adresser aux Etablissements de Crédit, dont les exigences croissent avec les frais généraux. Elles constituent dans le cercle de leurs relations un *Syndical de garantie*, quand elles ont recours aux capitaux et à des émissions de titres.

« C'est ainsi qu'en ces dernières années de nombreux groupements de capitalistes ont formé entre eux des Syndicats de garantie analogues à ceux dont nous avons tracé les grandes lignes.

« Ces syndicats de garantie se constituent sous forme d'*Associations en participation* entre particuliers, capitalistes, fondateurs et administrateurs d'entreprises, banquiers, etc..., dans le but de souscrire la totalité ou seulement une fraction des actions émises par une société en formation ou par une société déjà existante qui procède à une augmentation de capital.

« Mais la raison d'être de ces Syndicats qui rendent de grands services, est surtout de placer, par la suite, à la Bourse ou dans le public, grâce aux divers procédés que nous avons énumérés, et avec un bénéfice légitime les titres qu'ils ont souscrit.

« Ces associations en participation, similaires, comme constitution et fonctionnement à celles ayant un autre objet que nous avons mentionnées, sont dirigées par un ou plusieurs gérants seuls connus des tiers. Les affaires se font au nom du ou des gérants pour compte de l'Association. Aucune formalité de publicité n'est nécessaire pour la validité de ces sortes d'associations. Leur existence est constatée soit par un seul acte social S. S. P., signé par tous les participants, non compris les exemplaires pour les dépôts légaux, maintenant obligatoires, soit par un acte S. S. P., qui intervient seulement entre les fondateurs et gérants, acte auquel les participants futurs donnent successivement leur adhésion par des actes séparés ou plus simplement par correspondance. (Voir aussi les prescriptions du Code de commerce, art. 47 à 50 sur les Associations en participation). L'objet des Syndicats d'émission constitués sous forme d'Associations en participation, étant commercial, ce sont les tribunaux de commerce qui sont compétents pour connaître des affaires s'y rapportant. Les rapports des syndicataires entre eux, sont réglés par l'acte d'association suivant les conventions des parties, à condition naturellement, sous peine de nullité, que tous les membres participent aux bénéfices et aux pertes.

« Sous réserve d'un avantage particulier en faveur du ou des gérants, généralement accordé sous forme de prélèvement prioritaire sur les bénéfices nets, tous frais de publicité et autres déduits, les Syndicats peuvent être constitués suivant deux modalités différentes :

« 1° Par parts d'égale importance 25.000 francs, 50.000 francs etc., chaque membre restant libre de souscrire plusieurs parts. A l'expiration du Syndicat, les bénéfices sont répartis au prorata du nombre de parts possédées. Si tous les titres n'ont pu être placés, le solde restant est partagé suivant les mêmes principes.

« 2° Un second système souvent usité veut que la fraction de titres restant pour compte au Syndicat soit répartie entre tous les syndicataires, proportionnellement à la part non placée par chacun d'eux, sur le montant de la participation qu'il avait prise dans le Syndicat.

« Le premier mode convient mieux aux placements qui se font à la cote, par le procédé de l'introduction en Bourse. Le second mode est à préférer quand les syndicataires sont composés de banquiers ou de personnes qui acceptent de placer, dans leurs relations, les titres d'une société qu'elles connaissent, dont elles ont le contrôle et qu'elles administrent. Dans les périodes pendant lesquelles les émissions sont faciles, la participation dans des Syndicats de garantie

bien dirigés donne d'excellents résultats aux Syndicataires, aux sociétés émettrices et au public quand les conditions de placement sont raisonnables.

Voici à titre d'exemple une forme de *Syndicat de garantie.* Il s'agit, dans l'espèce, d'une société dont les actions anciennes sont déjà cotées en Bourse aux environs de 700 francs, le pair étant de 500 francs. Mais l'annonce d'une émission d'actions nouvelles, nécessaire au développement des affaires sociales et une ambiance assez peu favorable de la Bourse pourraient amener une baisse assez sensible des titres anciens figurant à la cote et l'émission présente quelque aléa. Le Conseil d'Administration, ne voulant rien laisser au hasard, a décidé de faire couvrir l'émission d'avance par un Syndicat de garantie. Le risque de la société disparaît, au prix d'un léger sacrifice pécuniaire, eu égard à l'importance de l'émission, la responsabilité des administrateurs est dégagée, l'émission est assurée du succès et la tenue des anciens titres cotés sera favorablement influencée par les opérations syndicales, susceptibles de soutenir les cours.

FORMULE D'ACTE SYNDICAL

(Syndicat de garantie).

Entre les sousignés :

MM...
....
....

Et tous ceux qui adhéreront aux Statuts de la présente Association en participation, est formé un Syndicat ayant pour objet de garantir à la Société anonyme... l'augmentation de son capital, par l'émission de 10.000 actions nouvelles.

Ces actions nouvelles seront émises au pair de 500 francs, plus 50 francs de prime destinés à couvrir les frais de l'émission, soit au prix de 550 francs.

Le premier quart, soit 125 francs, plus la prime de 50 francs, soit au total 175 francs, sont payables à la souscription et le solde suivant appel décidé par le Conseil d'Administration.

Les actions nouvelles seront créées jouissance du..., date de la clôture de l'exercice social de la Société et participeront aux bénéfices, à partir de cette date, pari passu *avec les actions anciennes.*

Les parts syndicales seront de 100 actions ou de multiples de ce chiffre. Chaque syndicataire pourra être tenu de verser la somme de 175 francs par action et de signer un bulletin de souscription correspondant au nombre de titres auquel se montera son engagement.

L'engagement de chacun des membres du Syndicat ne deviendra définitif que lorsque la souscription des 10.000 actions nouvelles à émettre aura été intégralement garantie.

Le Syndicat ne sera tenu de prendre livraison que des actions nouvelles qui n'auraient pas été souscrites par les actionnaires actuels, en vertu du droit de préférence qu'ils tiennent des statuts.

Le Syndicat assumera la mission de vendre, en Bourse ou hors Bourse, les actions qui lui reviendraient après l'exercice du dit droit de souscription.

Chacun des participants bénéficiera de la latitude d'exclure des ventes collectives à effectuer, tout ou partie des actions devant lui revenir. Au cas où il userait de cette faculté, les titres exclus ne pourraient lui être délivrés que quinze jours après la clôture des opérations du Syndicat.

La Société anonyme... s'est engagée vis-à-vis de M....., l'un des soussignés au présent acte, à verser une commission globale de 350.000 francs au Syndicat objet des présentes, pour l'ensemble de sa garantie portant sur l'émission des 10.000 actions nouvelles à créer, suivant les conditions ci-dessus énoncées.

La gérance du Syndical est confiée à M... et à M..... soussignés. En cas de divergences de vues, l'avis de M..... sera prépondérant.

Les gérants auront les pouvoirs les plus étendus pour la gestion des opérations syndicales sans exception ni réserve; ils détermineront notamment tous les frais de publicité, commissions aux intermédiaires et tous autres, fixeront le nombre et les conditions des cessions de titres et des options à accorder, procèderont aux formalités nécessitées par le transfert des titres vendus, etc...

Les gérants pourront procéder à des achats de soutien d'actions nouvelles jusqu'à concurrence de 2.000 actions au total, tant nouvelles qu'anciennes.

Les trois gérants auront droit collectivement à une commission globale de 10 % sur les bénéfices nets du Syndical, à charge par eux de se répartir cette commission comme bon leur semblera.

La durée du Syndical est fixée à un an, à partir du..... pour se terminer le..... avec prorogation facultative de six mois, si les gérants la jugent utile. Au cas ,où l'objet du Syndical serait complètement atteint avant l'expiration de l'une ou de l'autre de ces échéances, la liquidation anticipée aurait lieu de plein droit.

Au cas où, lors de l'expiration de la dernière échéance fixée comme devant être celle de la liquidation irrévocable du Syndical, tous les titres n'auraient pu être écoulés, ceux qui resteraient invendus seraient répartis entre tous les syndicataires au prorata du nombre d'actions souscrites par chacun d'eux, après déduction préalable des titres exclus des ventes effectuées pour le compte de la participation.

Les comptes établis par les gérants seront obligatoires pour tous les participants.

La formule du Syndicat de garantie se termine par les clauses de style usuelles.

BULLETIN D'ADHÉSION AU SYNDICAT

Je soussigné (nom, prénoms, profession, adresse) déclare avoir pris connaissance et approuver pleinement tous les termes de l'acte ci-dessus et adhérer à la présente Association pour une participation de..... actions dont je désire exclure..... actions qui devront m'être remises en nature, un mois après la clôture des opérations syndicales.

Fait en double à.........., le......... ..

Bon pour une participation de..... actions

(Signature).

Dans l'exemple qui vient d'être donné deux cas peuvent se présenter : 1° L'émission aura été un beau succès ou même un succès très modéré et la presque totalité des actions nouvelles, offertes aux anciens actionnaires à un cours inférieur de 150 francs à celui des actions anciennes cotées en Bourse, aura été souscrite par eux. Dans cette hypothèse, le syndicat n'aura presque pas eu à intervenir et les participants auront à se partager les 350.000 francs de commission globale stipulée (sous déduction de frais n'excédant pas 50.000 francs au maximum); 2° Ou un certain nombre de titres auront été attribués au Syndicat et seront devenus sa propriété, par suite des achats de soutien sur les actions anciennes. Les gérants disposeront encore de longs mois pour placer les titres anciens et nouveaux en Bourse, quand la cotation de ces derniers aura été obtenue.

Il est fréquent qu'une fois l'émission terminée, le cours des actions, momentanément déprécié par les arbitrages entre actions nouvelles et actions anciennes, se redresse vigoureusement. Des options données à propos à la presse financière constitueront une excellente réclame presque gratuite et susceptible d'aider à la diffusion dans le public des titres restant à placer.

En résumé, dans la seconde hypothèse, les opérations du Syndicat s'étendront sans nul doute sur une plus longue période, mais les résultats seront souvent bien supérieurs, car à la commission fixe reçue de la Société émettrice viendront s'ajouter les bénéfices réalisés sur les ventes ultérieures d'actions.

Les formules relatives aux Syndicats constitués pour le placement à la commission des actions d'une société de formation nouvelle, celles qui ont trait aux Syndicats de garantie à option et aux Syndicats de garantie de placement d'obligations ou de bons diffèrent assez sensiblement de la formule type donnée ci-dessus en exemple. Les conditions applicables aux Sociétés dont les titres ne sont pas encore cotés en Bourse sont naturellement moins libérales. Dans tous les cas, les capitalistes bien conseillés qui adhèrent aux Syndicats de garantie d'émission, en retirent généralement d'excellents résultats.

* * *

Il est fréquent que des industriels ou des négociants constituent une société par actions avec leurs propres ressources et celles de leur entourage immédiat. Mais il advient que les affaires s'étendent et que les fonds de roulement, ou ceux qui sont nécessaires aux immobilisations deviennent notoirement insuffisants. Cette entreprise familiale, constituée en société par actions, devra dorénavant avoir recours aux capitaux du public, pour ne pas rester en arrière, ni se laisser dépasser par les maisons concurrentes.

Suivant que son objet social sera plus ou moins limité, que les perspectives qui sont ouvertes à son genre d'industrie seront vastes ou restreintes, que les ambitions de ses dirigeants se révèleront modestes ou larges, cette société fera appel au concours de banquiers et des capitaux locaux et restera une industrie purement régionale ou elle sollicitera l'admission de ses titres à l'une des grandes Bourses françaises, en vue d'un développement ultérieur de son capital. Si les besoins de fonds nécessaires à l'extension de l'industrie sont immédiats, la société intéressée aura souvent intérêt à constituer un Syndicat de garantie analogue à celui dont nous avons décrit le fonctionnement au paragraphe précédent. Ce Syndicat, pour placer les titres dans une clientèle de capitalistes qui dépassera dorénavant le cadre local, se verra souvent obligé pour recueillir des souscriptions de déclarer : « Que l'admission à la cote de la Bourse de.......... sera demandée ».

Bref, il se constitue fréquemment des Syndicats ayant pour but de faire admettre, aux cotes de la Bourse de Paris ou des Bourses régionales, les titres d'une société par actions appelée à se développer dans l'avenir et pour objet principal de diffuser les titres nouvellement émis dans le Public.

Ces *Syndicats d'introduction* sont créés sous forme d'Associations en participation et les modalités de leur fonctionnement et de leur gestion sont identiques à celles des Syndicats de garantie. Ils exigent la réunion de la majorité des titres existants entre les mains de l'association. Les adhérents au Syndicat sont de deux sortes : 1° Les détenteurs d'actions; 2° les souscripteurs de parts de numéraire. Le Syndicat doit être très puissant financièrement : c'est là l'élément primordial de succès. Les statuts de l'association fixent les diverses modalités qui déterminent les conditions des apports des deux catégories de participants et les conventions relatives au partage des bénéfices.

Quand de tels Syndicats réunissent les conditions requises sous une bonne direction, ils sont susceptibles de donner de remarquables résultats à leurs adhérents.

« Si les syndicats d'introduction donnent parfois lieu à quelques abus, les auteurs et la jurisprudence sont d'accord pour convenir « que l'art. 417, C. pén. punissant les coalitions en vue de provoquer une hausse ou une baisse factice sur le prix des denrées, marchandises, papiers et effets publics ne leur est pas applicable ». Les Syndicats d'introduction sont donc licites et sont souvent l'objet, pour leurs participants, de très importants bénéfices, justifiés par les risques courus.

« Les *Syndicats de Bourse* se constituent soit entre plusieurs professionnels, soit entre capitalistes et professionnels pour acheter les titres d'une valeur injustement dépréciée et, par des opérations boursières adéquates, combinées avec une publicité bien conçue, lui rendre finalement sa valeur véritable. Les titres ayant été revenus au public à des cours normaux, le Syndicat de Bourse, constitué et géré dans le même esprit que les précédents, est dissous et les bénéfices sont répartis au prorata du nombre de parts souscrites par les adhérents. Les exemples récents et classiques de Syndicats de Bourse sont légion. Les capitalistes doivent être bien pénétrés de cette idée qu'aucun mouvement de Bourse sérieux et de longue haleine, n'a lieu sans l'intervention occulte d'un Syndicat. La participation aux divers Syndicats de toute nature, dont nous venons de décrire les différents objets et le fonctionnement, constituent l'une des formes de placement les plus modernes et les plus perfectionnées.

*
* *

Dans son savant et très important *Traité pratique des sociétés par actions*, M. Henri Decugis, avocat à la Cour de Paris, s'étend longuement sur les syndicats de garantie et les syndicats de vente d'actions.

Lorsqu'une société a besoin de capitaux considérables et qu'il est nécessaire, pour les lui procurer, de faire appel au public, les fondateurs constituent généralement un *syndicat de garantie*. Il serait très scabreux, en effet, d'ouvrir une souscription publique sans s'être prémuni contre la possibilité d'un échec partiel de la souscription, car, si le public ne souscrit pas la totalité du capital, la société ne peut pas légalement être constituée et les souscriptions déjà recueillies doivent être restituées. Il est donc indispensable d'être certain à l'avance que le capital sera intégralement souscrit, même en cas d'échec de l'émission publique.

Dans tous les cas, il ne peut être fait appel au public, pour la souscription, qu'après l'insertion au *Bulletin des annonces légales* obligatoire de la notice prescrite par la loi du 30 janvier 1907.

Le *syndicat de garantie* est généralement divisé en parts comprenant chacune un certain nombre d'actions à souscrire. Si le capital à souscrire en espèces est d'un million de francs en actions de cinq cent francs, on crée, par exemple, quarante parts syndicataires de cinquante actions chacune. Il existe différentes formes de syndicats de garantie. Les deux plus usitées sont la forme lyonnaise et la forme parisienne.

Dans la forme parisienne, chaque membre du syndicat s'engage à garantir la souscription d'une ou plusieurs parts de cinquante actions, par exemple, et, si le public ne souscrit pas la totalité des actions offertes, le restant est appliqué aux syndicataires proportionnellement au nombre de parts de chacun. Ils deviennent ainsi souscripteurs directs du restant de l'émission. Cette forme convient aux émissions publiques. Dans les syndicats constitués suivant la forme lyonnaise, chaque syndicataire cherche lui-même des souscripteurs pour le nombre d'actions garanti par lui et souscrit personnellement le nombre de titres qu'il n'est pas arrivé à placer. La forme lyonnaise est mieux appropriée aux souscriptions privées effectuées sans publicité. Les syndicats de garantie sont habituellement gérés par un directeur unique, ou par un comité de direction composé de deux ou trois membres désignés par l'acte syndical et

investis de pleins pouvoirs pour administrer le syndicat et pour le liquider aussitôt ses opérations terminées.

La rémunération accordée par la société au syndicat de garantie varie suivant la nature des entreprises et la difficulté plus ou moins grande de trouver des souscripteurs. Comme il s'agit d'une garantie entraînant la prise ferme des risques de l'émission, la rémunération est toujours plus élevée que la commission promise à un simple preneur à option ou à un courtier pour le placement des titres. Généralement cette rémunération varie entre 3 et 10 % de la valeur nominale des titres. Mais le taux de 8 % est un taux maximum qui n'est guère dépassé par les sociétés sérieuses, car il grève déjà assez lourdement le compte des frais de constitution. Cette rémunération ne peut d'ailleurs être payée régulièrement que si elle a été autorisée par les statuts, ou bien votée spécialement par l'assemblée générale des actionnaires, car les accords préalables conclus avec les fondateurs n'engagent pas la société. Il ne suffirait pas de faire voter la somme en bloc avec d'autres dépenses confondues sous la rubrique: frais de constitution. Le paiement ne peut donc être effectué par voie de compensation sur le montant du premier quart des actions souscrites en espèces. La Cour de cassation a même été jusqu'à décider dans un arrêt, inexactement selon nous, que le montant de la commission ne peut pas être prélevé sur le premier quart de la souscription, même après que celui-ci a été intégralement versé à la société et que celle-ci est constituée. La commission ne pourrait donc être versée valablement que sur les versements suivants, de manière que la société puisse consacrer à ses besoins au moins le quart du capital-espèces. Il est sage de se conformer à cette jurisprudence, si rigoureuse qu'elle puisse paraître. Elle n'est d'ailleurs pas applicable aux augmentations de capital.

Un *syndicat de garantie* est généralement constitué de la façon la plus simple sous forme d'association en participation. Il n'a pas d'existence légale vis-à-vis des tiers, qui ne traitent qu'avec les gérants. Un simple acte sous seings privés, ou même un simple échange de lettres, suffit pour en constater l'existence. Il n'est d'ailleurs assujetti à aucune formalité de publicité légale. Dans la pratique, on se contente même souvent d'envoyer aux adhérents une formule imprimée reproduisant les clauses de la convention syndicale. Ceux-ci en accusent réception dans une lettre d'adhésion qu'ils adressent au comité directeur. Cette manière de procéder rend inutile l'enregistrement de l'acte syndical (V. n° 81 *ter* et formule n° 6). Nous traiterons au chapitre suivant des syndicats de vente d'actions, qui, le plus souvent, ne sont que la continuation des syndicats de garantie et résultent d'un acte unique englobant les deux catégories d'opérations.

Lorsque le comité directeur a sujet de craindre qu'en cas d'échec de l'émission publique certains participants ne fassent des difficultés pour souscrire personnellement les actions garanties par eux et en verser le montant à la société il est plus prudent d'exiger, dès le début, de chaque participant, un bulletin de souscription pur et simple et même, au besoin, le versement du premier quart en espèces. Le comité dégage ainsi sa responsabilité vis-à-vis de la société, car le capital se trouve ainsi intégralement souscrit et le quart versé en espèces, quoi qu'il arrive. Le comité verse à la société le montant du premier quart et n'a qu'à lui remettre les bulletins de souscription, ce qui permet à celle-ci de poursuivre directement les participants récalcitrants. Si le public souscrit les actions offertes, le comité restitue aux syndicataires leurs bulletins de souscription et leurs versements devenus inutiles.

Il va de soi que la signature préalable des bulletins de souscription par les syndicataires n'est pas indispensable lorsque aucune défaillance n'est à redouter de leur part. Il suffit alors de leur faire signer les bulletins, lorsque le nombre d'actions appliqué à chacun d'eux est définitivement fixé.

* * *

Lorsque la société est définitivement constituée, les actions souscrites en espèces deviennent négociables et les souscripteurs se réunissent fréquemment pour les écouler en tout ou partie sur le marché, au-dessus du pair. Ils constituent dans ce but un *syndicat de vente*, ou pool, qui assume la direction de l'opération pour le compte commun des syndicataires, les bénéfices de revente devant être totalisés et partagés au prorata du nombre d'actions mises par chacun d'eux dans le syndicat.

Le syndicat de vente est quelquefois constitué en même temps que le syndicat de garantie, par un seul et même acte. Cela permet aux syndicataires de se contenter d'une commission de garantie plus modeste, en prévision du bénéfice plus important à provenir de la revente des actions au-dessus du pair.

La condition essentielle de la réussite d'un *syndicat de vente* est d'obtenir préalablement ce qu'en langage financier on appelle le bloquage de toutes les actions susceptibles d'être mises sur le marché. En d'autres termes, le syndicat doit réunir la totalité des actions, ou, tout au moins, avoir la certitude que les actions non syndiquées ne seront pas mises en vente pendant le temps nécessaire à l'écoulement des actions syndiquées.

Il est manifeste, en effet, que si le syndicat met en vente des actions de 100 francs au prix de 110 francs, par exemple, soit avec un bénéfice de 10 francs par action, il est indispensable d'éviter que des actionnaires non syndiqués viennent offrir leurs propres actions sur le marché, à 105 francs par exemple, ce qui provoquerait la chute des cours, ou forcerait le syndicat à les racheter immédiatement, quel que soit le nombre de titres offerts. Les actionnaires non syndiqués s'assureraient donc par cette manœuvre un bénéfice certain et immédiat de 5 francs par titre, aux dépens des actionnaires syndiqués. Le syndicat doit donc englober la totalité des actions, ou tout au moins obtenir des actionnaires désireux de conserver leurs titres l'engagement de ne pas les vendre pendant la durée du syndicat.

Pour assurer l'exécution de cet engagement, le syndicat conserve souvent dans ses caisses la totalité des actions, y compris celles exclues des ventes par leurs propriétaires. Les actions non vendues sont restituées aux ayants droit lorsque le syndicat a pris fin, c'est-à-dire au bout d'un délai qui varie généralement entre trois mois et un an.

La source principale des bénéfices du syndicat consiste, on l'a vu, dans la revente des titres au-dessus du pair. La plupart du temps, les titres syndiqués ne sont pas tous vendus au même prix, mais il n'est pas tenu compte des prix de vente individuels dans le règlement final; les titres sont considérés comme faisant partie d'une masse globale vendue au compte commun. Le total net des bénéfices du syndicat est donc réparti également entre tous les membres du syndicat, proportionnellement au nombre de parts possédées par chacun.

Dans certains cas, au contraire, les titres syndiqués sont vendus directement par chacun des membres du syndicat, qui en effectue lui-même le placement dans sa clientèle particulière. On insère alors dans la convention syndicale une clause destinée à éviter que les titres placés par un syndicataire ne reviennent sur le marché avant la fin des opérations du syndicat. A cet effet, le comité directeur a le droit de racheter tous les titres qui seraient offerts sur le marché au-dessous d'un cours déterminé, pour le compte et aux frais du syndicataire qui les a vendus à l'origine. Le contrôle est d'ailleurs facile, grâce aux numéros que porent les actions.

On juge souvent préférable de ne mettre en vente que des actions entièrement libérées. Il peut arriver, en effet, que l'acheteur d'une action partiellement libérée ne puisse ou ne veuille pas la libérer, lorsque la société fait un appel de fonds. Dans ce cas, le souscripteur primitif et les cessionnaires intermédiaires sont, nous l'avons vu au numéro 25, tenus solidairement avec lui des versements ultérieurs pendant deux ans. On évite le danger d'un recours de ce genre en ne mettant en vente que des actions entièrement libérées. La précaution est utile lorsqu'il s'agit de titres d'une nature quelque peu spéculative. Elle a l'inconvénient d'exiger une mise de fonds quadruple de la part des syndicataires.

On adopte quelquefois une combinaison fort ingénieuse qui permet de ne mettre en vente que des actions entièrement libérées, tout en n'exigeant des syndicataires que le versement du quart, ou même en n'exigeant d'eux aucun versement.

Le montant des versements est avancé au syndicat par un ou plusieurs banquiers, au taux de 5 % l'an par exemple, et moyennant l'attribution d'une quote-part des bénéfices du syndicat.

Le syndicat verse à la société, pour le compte de chaque souscripteur, les fonds qu'il s'est ainsi procurés et reçoit en échange des actions entièrement libérées qu'il met en vente immédiatement. Le bénéfice de revente est consacré à payer tout d'abord les frais généraux du syndicat et les intérêts des sommes avancées. Le restant est réparti, par exemple, de la manière suivante : 50 % aux syndicataires; 35 % au banquier qui a fait l'avance des versements; 15 % au comité de direction.

Lorsque l'opération réussit, les syndicataires encaissent des bénéfices importants, sans avoir eu à débourser quoi que ce soit. Il est vrai que, si elle échoue, ils doivent reprendre à leur compte leurs actions non vendues et rembourser de leur poche les intérêts des avances faites. Il importe donc de n'accepter comme membres du syndicat que des personnes notoirement solvables.

Le système que nous venons de décrire est inattaquable au point de vue légal. Il est ingénieux et séduisant dans certains cas. Il a l'inconvénient d'être assez compliqué. Or l'expérience démontre qu'en matière financière les combinaisons les plus simples doivent être préférées. Il faut donc, de préférence, choisir une formule aussi claire et aussi courte que possible.

Les syndicats donnent lieu quelquefois à des abus regrettables de la part de certains spéculateurs qui s'en servent pour écouler dans le public des titres à des cours très majorés. Mais ils n'en constituent pas moins, dans des mains honnêtes, un instrument d'un usage légitime et même souvent indispensable à la constitution des sociétés qui ont besoin de faire appel au public pour se procurer les capitaux nécessaires.

*
* *

M. René Delaporte, traite sommairement la question des syndicats d'émission dans son ouvrage classique et réputé *La Banque :*

« Un État, un département, une ville ou une société anonyme voulant augmenter leurs ressources financières empruntent et recourent au crédit en émettant des obligations. Une société anonyme le peut en outre en faisant une augmentation de capital, par émission d'actions nouvelles.

« En s'adressant directement au public, les uns ou les autres ne sont pas assurés du succès de l'émission lancée. L'insuccès est grave; il amène une perte de crédit; celle-ci annihile à l'avenir la possibilité d'autres emprunts et n'améliore nullement celui à la souscription. Aussi pour de tels emprunts, est-il habituel de faire appel aux services organisés des banques et des sociétés financières. S'il s'agit de grosses émissions, un consortium de banques ou syndicat financier se forme, et se charge de procurer les fonds désirés, sous certaines conditions. Les membres du syndicat souscrivent eux-mêmes, font souscrire leur clientèle; l'emprunt est réalisé avec succès.

« Les banques sont les mieux placées pour connaître les possibilités d'un emprunt; elles savent les disponibilités d'argent et les besoins du marché; aussi lanceront-elles l'émission au moment le plus favorable, après la publicité nécessaire. Elles ont des moyens propres de publicité et de placement, aux nombreux guichets ouverts dans toute la France, avec leur réseau étendu d'agences multiples, qui leur assure la plus forte puissance de placement; elles ont simplement à canaliser leur clientèle vers l'émission ouverte.

« L'émission admise, un contrat intervient entre l'État ou les personnes morales émettrices et les banques; il fixe toutes les données et conditions de la souscription publique et sera la loi, base de l'émission. La totalité de l'émission peut être prise à prix fixe, versé dans des délais déterminés. L'emprunteur sait ce qu'il touche; ce prix arrêté est dit « prise ferme » et n'est pas le prix d'émission. La banque met les titres en souscription publique, à un prix d'émission; le public paie ce prix.

« Le prix de prise ferme et celui d'émission seront d'autant plus élevés que l'emprunteur et la banque présentent un crédit plus grand, ou que la banque a une notoriété et une moralité indiscutables.

« Dans le cas de prise ferme, la banque a la responsabilité du placement. Son honorabilité est le meilleur garant de la valeur du titre; sérieuse, elle n'offre jamais à sa clientèle une valeur dont les garanties ne lui sont pas connues; le plus souvent, elle les a fait contrôler par son service des études financières; si elle n'en a point, par ses ingénieurs-conseils et ses experts-comptables.

« Le bénéfice de la banque est la différence entre le prix forfaitaire qu'elle règle à la société émettrice qui touche une somme fixe, sans aléa, et celui auquel elle place les titres; mais de ce bénéfice brut nettement visible, il faut déduire tous les frais de publicité, les commissions allouées aux démarcheurs, correspondants ou autres agents qui placent les titres et qu'elle rémunère à tant par titre placé.

« L'émission en banque consiste donc à mettre à la disposition des souscriptions du public, des effets publics ou des valeurs mobilières, qui ne sont pas encore en circulation.

« On distingue deux modalités d'émissions par souscription publique : 1° l'émission à date fixe; 2° l'émission à jet continu.

« La première est ouverte jusqu'à une date déterminée d'avance; cette date atteinte, l'émission est close, les souscriptions ne sont plus reçues. L'émission à jet continu pratiquée par les compagnies de nos réseaux ferroviaires est offerte à des prix de revient, suivant l'état du marché; mais cette modalité est plus rare.»

* * *

Dans leur très intéressant et important ouvrage : *Traité pratique de droit financier*, MM. Rodolphe Rousseau et Louis Gallié, avocats à la Cour de Paris, traitent magistralement la question des syndicats d'émission au point de vue juridique :

« Comment définir le *syndicat d'émission*? D'une manière générale, dit M. Dalloz, on peut définir un syndicat d'émission : une association *sui generis* formée entre les fondateurs d'une société nouvelle ou de concert avec eux, à l'effet de souscrire tout l'actif social, et aussitôt les formalités de constitution accomplies, de revendre au public avec bénéfice tout ou partie des titres souscrits, d'où le nom d'émission d'actions à primes donné à cette combinaison. Le syndicat a pris ferme et à ses risques, l'ensemble du capital social. M. Thaller donne cette définition : « Le *syndical de finance* est une association formée entre divers banquiers pour prendre en bloc et pour introduire ensuite en détail dans le public suivant les proportions arrêtées entre eux, le capital-actions ou le capital-obligations d'une entreprise ».

« On comprend à merveille qu'une société qui fait de grosses émissions s'assure, à l'aide de syndicats, le placement des titres difficiles à écouler dans le public. L'idée est excellente en elle-même et a donné de très heureux résultats. L'objet principal de ces syndicats d'émission est de garantir à la société le placement de ses titres et d'assurer aux participants, en échange, le bénéfice résultant de la revente avec prime, des titres au public, si le syndicat a acheté en bloc les valeurs émises, ou du courtage stipulé, si le syndicat est simplement intermédiaire entre le public et la société. Le syndicat fonctionne donc, comme nous allons le voir, de deux façons : soit comme acheteur des titres, soit comme courtier.

« Quelle est la nature juridique de ce syndicat? Le syndicat est une simple participation, quels que soient les types divers que l'on rencontre dans la pratique. C'est une participation *sui generis*, constituée entre les principaux intéressés à l'effet de garantir à la société le placement de ses titres et de répartir entre les syndicataires le bénéfice éventuel de l'opération suivant les intérêts de chacun. Aussi doit-on dire que les syndicats ne sont pas, à proprement parler, des sociétés, et que, comme toutes les participations, ils sont dépourvus de publicité et de personnalité civile. D'où il résulte que les syndicats n'ont ni fonds commun, ni capital social, que l'association est occulte, et que les tiers ne connaissent ou ne sont censés connaître que le gérant de l'association, « le banquier chef », lequel opère en son nom personnel, et en apparence uniquement pour

son compte personnel, sauf à rendre compte à ses co-associés.

« Un autre caractère commun à tous les syndicats doit être précisé. Tout *syndical d'émission* est un *syndical de garantie*, car il doit s'engager envers la société à trouver preneurs pour les titres émis. Il joue ainsi vis-à-vis de la société le rôle d'un assureur. En échange du service qu'il rend à la société ou à ses fondateurs, il stipule une rémunération qui constitue le bénéfice des syndicataires.

« Le gérant ou banquier préside à la réalisation du placement. Normalement, l'acte syndical indique fixation d'un prix au-dessous duquel la valeur ne doit pas tomber. Cela implique que les titres seront bloqués jusqu'au moment où ce prix pourra être obtenu.

« Il y aura « soutien des cours ». Aucun des syndicataires ne doit donc pouvoir jeter sur le marché une quantité quelconque de titres avant ce moment opportun, car ce serait occasionner la baisse et faire manquer l'opération toute entière. Des sanctions sont prises dans l'acte syndical à ce sujet, telles que le rachat immédiat des valeurs pour le compte et au débit du contrevenant.

« Mais à côté de ces principes communs, il en est de particuliers; car tous les syndicats ne fonctionnent pas de la même façon, et les avantages attachés à la qualité de syndicataire, ainsi que le mode de réalisation de la garantie promise par tout syndicat, sont différents suivant la nature des opérations. Si l'on veut établir une classification en cette matière, où les modes d'opérer en pratique sont variables et infinis, il faut distinguer : 1° Les syndicats dans lesquels les associés achètent en bloc tous les titres à un taux assez bas, se réservant de les placer dans le public avec prime; 2° les syndicats dans lesquels les titres sont répartis immédiatement entre les syndicataires au prorata de leur mise, le syndicat ayant alors pour objet unique de faire souscrire par le public les titres provisoirement souscrits par les participants; 3° les syndicats qui ne jouent que le rôle de courtiers entre la société et les souscripteurs, et ne s'obligent que subsidiairement à l'achat des titres non placés dans un certain délai. La distinction entre les différents types de syndicats n'est point purement doctrinale. Elle présente un grand intérêt au point de vue de la détermination des responsabilités.

« Le premier mode de syndicat, c'est-à-dire celui dans lequel les participants, par l'intermédiaire d'un gérant ou d'un directeur, achètent en bloc, à un taux déterminé, tout le stock des titres pour les revendre avec prime et répartir ensuite le bénéfice de l'opération entre les ayants droit, est celui dont le fonctionnement est le plus simple. C'est une opération d'achat et de revente opérée par une association occulte en participation, représentée par le gérant, seul connu des tiers. Ce gérant doit être considéré comme souscripteur des actions ou obligations émises, et c'est également lui qui est considéré comme vendeur de ces titres en son nom personnel, avec tous les droits et toutes les obligations inhérents à ses deux qualités d'acheteur et de vendeur (Dalloz, *Suppl.*, n° 1225; Thaller, *Ann. de dr. comm.*, 1887, t. I, p. 168; Pic, dissertation sous Paris, 12 déc. 1893, D. 96.2.483; Lyon-Caen et Renault, t. II, n. 725).

« Dans le syndicat du second type, le banquier émetteur pourra encore être réputé vendeur à l'égard des souscripteurs et actionné à ce titre (V. cependant en sens contraire : ce Paris, 12 déc. 1893). Il est certain qu'en ce cas le banquier n'est souscripteur que pour sa part et portion; mais les tiers ne connaissent que lui comme administrateur du syndicat et n'ont pas à se préoccuper des conventions plus ou moins occultes intervenues entre lui et la société ou les autres participants. Ainsi, la société ne saurait être rendue responsable vis-à-vis des souscripteurs, du montant des souscriptions, si elle ne les a pas encaissées, soit directement, soit tout au moins par un virement de compte; les souscripteurs auxquels le banquier émetteur n'a pas livré les titres souscrits ne peuvent pas davantage en réclamer la livraison à la société (Trib. civ. Seine, 28 février 1906).

« Arrivons au troisième type de syndicat. C'est celui dans lequel les participants remplissent uniquement le rôle de courtiers, c'est-à-dire celui d'intermédiaires entre la société et les souscripteurs. Le contrat de souscription naissant ainsi entre la société et le souscripteur, la propriété des titres ne reposant à aucun moment sur la tête des syndicataires, ceux-ci ne seraient obligés de souscrire personnellement les titres, qu'autant que l'émission n'ayant pas réussi, la société exciperait, à l'encontre des participants, de l'obligation de garantie prise par le syndicat; en effet, tout syndicat d'émission implique obligation de garantie du placement intégral des titres. Dans cette troisième forme de syndicat, l'obligation des syndicataires à la souscription des titres n'est donc que subsidiaire et ne se réalise que dans le cas où ils n'ont pu opérer le placement des titres dans le public. C'est ce mode de syndicat que l'on appelle le syndicat à prime; car la participation ici ne porte ni sur la souscription, ni sur la revente, mais sur le placement avec prime, des titres à émettre. La prime, c'est la différence entre le taux d'émission perçu par la société et le taux majoré perçu par le syndicat, cette majoration constituant le bénéfice des syndicataires en cas de réussite, bénéfice que l'on peut appeler commission ou courtage (V. Thaller, *Les émissions d'actions à prime*, p. 12 et suivantes).

« Ce troisième type de syndicat a été l'objet de vives critiques, car il a donné naissance à de nombreux abus. Cependant, lorsqu'un syndicat de cette nature fonctionne régulièrement et loyalement, il rend à la société de sérieux services, en facilitant le placement des titres. Si la rémunération du service rendu est souvent large et la prime d'émission élevée, il faut noter aussi que le syndicat court des risques. Il peut se faire, en effet, qu'il subisse une perte, s'il est obligé de placer les titres au rabais, à un taux inférieur à celui auquel la société les a livrés. Enfin, si les titres ne sont pas pris par le public, les syndicataires sont obligés de les conserver en vertu des engagements pris envers la société (Cass., 11 décembre 1900, Soc. de Panama).

« Dans le syndicat du troisième type, et puisque dans celui-ci le rôle du syndicat est celui du courtier purement et simplement, des rapports juridiques ne s'établissent qu'entre ses souscripteurs et la société par l'intermédiaire des syndicataires. Les conventions de garantie intervenues entre la société et le syndicat ne concernent pas les souscripteurs, qui ne peuvent pas s'en prévaloir. Lorsqu'une société a consenti aux membres d'un syndicat formé pour prendre les titres non placés dans le public (d'une augmentation de capital), une commission sur le montant de leurs engagements, l'acquéreur des titres souscrits par l'un des syndicataires, ne peut prétendre à la commission, alors qu'il résulte des conventions entre la société et le syndicat, que le service rémunéré par la commission ne consistait pas dans la souscription même, mais uniquement dans la garantie donnée de s'engager jusqu'à concurrence de... si les actions n'étaient pas placées dans le public (Trib. com. Seine, 26 avril 1913) ».

* * *

Avec toute l'autorité et toute la compétence qui s'attachent à son nom, M. Tchernoff, avocat à la Cour, a exposé lumineusement le statut légal des syndicats financiers dans son remarquable *Traité de droit pénal financier* dont nous extrayons ces passages :

« Les *syndicats financiers* interviennent à la fois dans la constitution des sociétés, dans le placement des titres et exercent une influence considérable, sinon décisive, sur le marché des valeurs. La loi ne les a réglementés nulle part. La loi ne 1867 les a visés indirectement en parlant des fondateurs. Il est utile de décrire leur fonctionnement économique avant d'en examiner la condition juridique au point de vue pénal.

« Un auteur les a définis comme suit : « C'est une association de fait formée entre plusieurs ou un grand nombre de porteurs d'actions ou d'obligations, à l'effet de soutenir les cours des valeurs syndiquées et même de provoquer la hausse de ces valeurs, le tout afin de les écouler dans le public au taux le plus élevé s'il s'agit de ventes partielles, ou à un taux déterminé s'il s'agit d'une vente publique par voie d'émission, qu'il ne faut pas confondre avec souscription ». Cette définition est excellente au point de vue de l'objet des syndicats financiers.

« Pour remplir cet objet, les syndicats agissent différemment, suivant qu'ils interviennent avant ou après la constitution de la société.

« Les premiers syndicats, fondés avant tout pour le placement des valeurs publiques, n'entraient en scène qu'une fois les titres créés. L'État, le département, la commune ayant émis, ayant créé les rentes ou obligations, s'adressaient, au lieu de faire un appel direct au public, à un groupe financier, à un syndicat, qui se comportait à titre d'intermédiaire entre la commune, le département ou l'État et le public.

« Peu à peu les établissements publics préférèrent, pour une partie au moins de l'emprunt, faire un appel direct aux souscripteurs. Les banques, dont l'outillage économique s'était perfectionné sous le second Empire, dont les capitaux s'étaient accrus et qui, à la suite de la politique mondiale de la plupart des États européens, ont vu s'ouvrir devant eux les marchés internationaux, au lieu d'agir comme de simples intermédiaires, ont pris l'initiative de certaines entreprises; elles constituent des sociétés à l'aide de sociétés d'études.

« Tout en gardant leur individualité propre, elles déga-

gent de leur sein une foule de syndicats, composés parfois des mêmes personnes, qui créent de nombreuses entreprises.

« Nous avons déjà montré, en examinant le rôle et la responsabilité des fondateurs et émetteurs, que le terme de fondateur s'appliquait, dans l'esprit des auteurs de la loi de 1863, aux membres d'un syndicat; le fondateur remplaçait le gérant ou le commandité de la commandite par actions. On cherchait une garantie dans la substitution d'un groupe financier important à la poussière de petits fondateurs et capitalistes qui s'abritaient sous l'anonymat de la commandite et n'offraient aucune surface financière.

« Dès lors l'action du syndicat devient complexe; il participe à la création d'une société en souscrivant tout le capital social; il émet les actions et les répartit entre ses membres, qui les acquièrent, non pas pour les garder à titre de placement dans leur portefeuille, mais pour les écouler immédiatement dans le public. Le souscripteur est un spéculateur qui profite de la prime, de la plus-value que l'action va acquérir entre le moment de la souscription, de l'émission et celui de la vente. Le public apparaît comme acheteur.

« On fait ainsi ce que la loi de 1887 a voulu entraver : des négociations sur des promesses d'actions; mais on ne peut défendre la souscription au profit de celui qui ne souscrit que pour céder le titre à peine créé. On dit, dans ce cas, que le syndicat prend ferme les actions de la société à créer.

« Le syndicat peut se contenter de garantir la souscription du capital social. Le public est appelé à participer à l'émission; mais, si le capital social n'est pas souscrit dans sa totalité, le syndicat intervient alors pour prendre ferme le restant non souscrit du capital. La société ne sera définitivement formée que lorsque le capital social sera complètement souscrit.

« Pour la première tranche du capital, le syndicat touche une commission sur chaque titre placé ou souscrit grâce à ses efforts (publicité, patronage moral, etc.); pour la dernière, il agit directement comme souscripteur et spécule sur la revente avec prime.

« Enfin le syndicat peut se trouver en présence d'une société définitivement constituée, dont les titres sont émis dans leur intégralité, mais non encore placés. Le titre est émis par le fait que la société est régulièrement constituée et qu'il est attribué à des souscripteurs; mais ceux-ci peuvent se grouper eux-mêmes ou s'associer à d'autres qui n'ont aucune attache avec la société, ou encore s'adresser à un syndicat complètement en dehors de la société, pour procéder au classement du titre dans les portefeuilles des rentiers qui les garderont définitivement.

« Ainsi définis au point de vue de leur objet et de leur rôle, les syndicats se présentent sous les trois aspects suivants : *Syndicats d'achat et de revente*, *Syndicats de vente*, *Syndicats de placement* avec prime ou *Syndicats de garantie*.

« Le syndicat d'achat ou de souscription a pour objet à la fois la souscription ou l'achat, et la revente des titres. Le gérant du syndicat, qui apparaît seul en nom, achète ou souscrit les valeurs de la société, et il les revend ensuite en détail ou en bloc, avec prime. C'est le gérant seul qui traite avec la société émissionnaire; vis-à-vis du public, c'est-à-dire à l'égard du cessionnaire, il joue seul le rôle de vendeur; mais derrière lui se groupent des associés dont les noms sont souvent tenus secrets, et qui participent avec le gérant aux risques et aux profits de l'entreprise.

« Le syndicat de vente comporte des souscripteurs ou des détenteurs de titres qui mettent en commun leurs capitaux, uniquement pour vendre les titres aux conditions les plus lucratives. La vente est opérée par le gérant, qui agit en son nom personnel ou par les divers associés. Il est parfaitement possible qu'après une entente, le syndicat bloque un certain nombre de titres pour ne pas inonder le marché, et après avoir fait monter les cours à l'aide d'une savante publicité, il écoule les titres accumulés suivant les exigences du moment.

« Le troisième groupe est représenté par les syndicats de garantie et de placement avec prime. Le syndicat joue alors le rôle de courtier intermédiaire entre la société émissionnaire et le public. Son obligation est double : tout d'abord, il s'engage à placer, moyennant commission, un certain nombre de titres dans le public; puis, s'il reste une certaine réserve non placée, il s'engage à la prendre pour son compte. Si la souscription est couverte, le syndicat ne lève aucun titre, tout en prélevant le bénéfice du courtage; si, au contraire, elle n'est pas couverte, il prend la partie non placée pour son compte.

« Il est évident que le syndicat, tout en n'apparaissant pas au public comme une personne morale, représente des efforts groupés et réunis en vue d'un but commun, cherche à agir comme un groupement financier sur l'opinion publique et, notamment, a recours à une publicité très large.

« Ces différents syndicats peuvent coexister, avoir des conventions assignant à chacun d'eux un rôle défini; mais il peut se créer, à côté du syndicat qui a une mission précise, — celle de créer le titre, de le placer, — un groupe de personnes dont la fonction consiste à faciliter la création ou le placement du titre par les influences dont elles peuvent disposer. Il s'agit d'aplanir un obstacle politique ou autre, de conquérir des sympathies, d'obtenir le concours d'une certaine presse... Le syndicat, qui comprend des capitalistes introduira dans son sein des hommes dont il désire s'assurer l'influence, l'approbation ou le silence; ce syndicat ne répond à aucune définition, et il est difficile de lui assigner un rôle propre au point de vue civil, car un apport d'influence ne sera pas toujours avoué et considéré comme apport social. Pénalement, il attire l'attention du juge, qui appréciera la sincérité de l'acte, la bonne foi de l'agent du délit, d'après la proportion qui existe entre sa mise et l'avantage qu'il en retire. Le syndicat ainsi défini et décrit n'est pas réglementé par la loi, c'est le syndicat d'influence.

« Au point de vue du droit commun, après de longues discussions, on est arrivé à cette constatation, que le syndicat est une simple participation, association occulte sans siège social, dont seul le gérant apparaît vis-à-vis du public et peut être seul responsable civilement. Le participant ne s'engage même pas *in infinitum*; c'est une participation en commandite limitée. Tout au plus peut-on dire que la participation est une société dont les membres, quoique dans une mesure inégale, sont appelés à se répartir les bénéfices ou les pertes, — principe qui n'a qu'une portée restreinte, puisque la participation peut n'avoir qu'un capital très limité ou même n'en avoir pas du tout.

« En se fondant sur cette idée, on a pu décider que le contrat syndical doit être considéré comme nul, — parce qu'il manque de cause, — si les stipulations faites sont telles que les syndicataires n'ont que des chances de gain à courir, suivant le succès de la souscription, sans aucune chance de perte (V. liquidation Compagnie du Canal de Panama; liquidateur du Canal de Panama c/ Crédit Mobilier italien; Trib. civ. Seine, 20 février 1896).

« Ou encore, que le syndicat n'est pas définitivement constitué si, dans l'acte dressé à cet effet, les noms des directeurs ont été laissés en blanc, ou si le capital convenu n'a pas été souscrit intégralement (Aix, 29 nov. 1883).

« Les règles sur l'association reçoivent une application très élastique en ce qui concerne les syndicats, car on admet des contrats dans lesquels le gérant seul connaît tous les autres membres du syndicat; ces derniers ne se connaissent pas entre eux et peuvent ainsi s'engager uniquement envers le gérant.

« En résumé, au point de vue civil, au cas où le gérant traite avec les tiers, c'est contre le premier que doivent être engagées les actions en responsabilité, soit contractuelle, soit en vertu de l'article 1382 du Code civil.

« La loi de 1867 sur les sociétés par actions ne prononce pas le mot syndicat.

« Cependant les syndicats financiers représentent un groupe de personnes réunies dans un but déterminé et exercent une fonction économique des plus importantes.

« Nos lois sur les sociétés visent ce qu'on appelle l'hypothèse de la formation successive de la société. On la présente comme passant par une phase normale de croissance : l'idée première jaillit dans l'esprit du fondateur qui, généralement, doit être l'apporteur. Le premier groupe formé fait appel à des capitaux étrangers par voie de souscription publique. La société n'est financièrement et juridiquement constituée qu'après l'accomplissement des formalités prévues par la loi de 1867 : souscription intégrale, versement du premier quart, etc., etc.; et notamment après les deux assemblées constitutives, surtout après l'approbation des apports dont l'évaluation prête à de nombreuses fraudes.

« La loi effleure à peine les souscriptions non publiques et les assemblées générales tenues entre les premiers souscripteurs apporteurs, où la vérification des apports est impossible, tout le monde étant apporteur.

« En fait, ce n'est pas cette création successive de la société qui se produit le plus fréquemment en pratique, mais la création simultanée, quand un petit groupe de personnes souscrit la totalité des actions, effectue les versements réguliers, accomplit toutes les formalités légales, répartit les actions entre ses membres; puis, les actions une fois souscrites en dehors du public, les négocie en les vendant ou en les cédant.

« Cependant l'évolution jurisprudentielle de la loi de 1867 a trouvé le moyen d'en appliquer les dispositions principales à la formation simultanée de la société par un syndicat.

Ainsi le capital entier doit être souscrit, le quart ou la totalité doit être versé, la souscription par un prête-nom n'est pas valable si elle cache un homme de paille. Le versement doit être fait sur chacune des actions; un versement global effectué par un groupe pour le compte de ses membres ou des futurs membres qu'on ne connaît pas encore ne remplit pas le vœu de la loi. Ne doivent pas prendre part à la vérification des apports les membres d'un syndicat lorsqu'ils apparaissent comme apporteurs. C'est que, sur ce point, des fraudes sont fréquentes.

« Les intermédiaires ne peuvent pas retenir sur le montant des actions souscrites une commission ni autre rémunération à titre de compensation ou autrement.

« Au cas où le syndicat de garantie perçoit une commission représentée par la différence entre le taux nominal de l'action et le taux d'émission, il peut être obligé de soumettre cet avantage particulier à une assemblée chargée de vérifier les avantages particuliers.

« Toutes ces règles ne souffrent guère de difficulté. On peut seulement se demander si les *syndicats de garantie* qui offrent de souscrire le restant du capital social qui ne trouvera pas preneur, ne violent pas la règle qui n'admet pas la souscription conditionnelle.

« L'offre du syndicat, loin de diminuer les garanties demandées par la loi, ne fait que les augmenter. L'opération se fait comme suit : le syndicat ne se porte pas souscripteur conditionnel; il attend le résultat de la publicité faite, qui tend à trouver le plus grand nombre de souscripteurs. Ces derniers peuvent être en nombre suffisant pour couvrir tout le capital.

Dans l'intervalle, le syndicat tout au plus agit à titre de caution et n'a qu'une obligation accessoire. Si la souscription n'a pas donné le résultat attendu, l'obligation accessoire devient principale; au moment où elle se précise, elle devient ferme. A partir du moment où il est constaté qu'il reste une fraction du capital à souscrire, l'obligation des syndicataires devient ferme.

« Il ne faut pas se dissimuler que l'application de ces règles sera très délicate quand les membres du syndicat ne font pas partie du conseil d'administration et ne figurent pas parmi les fondateurs, et surtout quand, conformément au caractère occulte de l'association en participation, ils sont ignorés du public, parfois même des juges.

« On a développé sans doute l'idée de complicité en matière de négociation et d'émission, ce qui permet de les atteindre; l'article 13 a érigé en délit spécial le fait d'annoncer des actions émises irrégulièrement, ce qui premettra d'atteindre les syndicataires chargés du placement des titres. Mais comment établir à leur charge la connaissance des irrégularités de la société, lorsque le syndicat agit comme simple intermédiaire? De même, quand le syndicat s'étant rendu souscripteur de la totalité des actions, les répartit entre ses membres, puis les vend, le délit d'émission devient difficile si aucun membre du syndicat ne figure parmi les administrateurs; et le délit de négociation reste (au moins dans notre doctrine), aux termes d'arrêts de la Cour de cassation, sans application aux différents intermédiaires, quand ils peuvent prétendre ignorer les irrégularités qui entachaient la constitution de la société.

« Aussi l'inefficacité de ces prescriptions a amené les juges à étudier les agissements des syndicats, non seulement quand ils constituent les sociétés, mais quand ils juxtaposent, à côté d'organes normaux de la société, des organes parasites.

« Le syndicat fournit parfois la structure d'apparence légale qui servira à la formation de la société. Ainsi il se formera entre sept membres (nombre réglementaire), qui n'auront pas l'intention de contracter un engagement personnel, ni d'être souscripteurs, avec la responsabilité que la souscription implique. Tel est le cas des employés que la banque émettrice recrutera pour constituer la société.

« La société fera, au besoin, une avance au syndicat, lui permettant d'effectuer les versements réglementaires. La société fait une ouverture de crédit sur les actions souscrites.

« Dans les différentes combinaisons imaginées par des lanceurs d'affaires, on voit un syndicat de sociétés : société mère créée fictivement, sociétés filiales créées par la première société et qui reçoivent d'elles le personnel; la société mère, par une simple passation d'écriture, déclare verser le capital réglementaire. Différentes sociétés filiales gravitent ainsi autour de la société mère, figurent dans un syndicat sous la direction des mêmes personnes, d'un même groupe financier. En cas d'augmentation du capital, le groupe se constitue entre les premiers souscripteurs, qui usent de leur droit de préférence et s'attribuent ainsi les premières actions qu'ils libèrent fictivement pour les lancer ensuite sur le marché. Le premier syndicat réalisera son apport à la société sous forme de vente, dont le produit servira à compenser les actions souscrites; c'est l'apport déguisé. Le syndicat agira par l'intermédiaire d'un homme de paille qui, lui, réalise personnellement l'apport, puis se fait répartir les actions d'apport et les parts de fondateur, et ensuite, en vertu des conventions préexistantes, les répartira entre les divers membres du syndicat ignorés du public.

« Cette combinaison offre l'avantage de permettre aux membres du syndicat de figurer dans toutes les assemblées générales, y compris celles chargées de la vérification des apports en nature et des avantages particuliers. Dans tous les cas, la jurisprudence a peu à peu forgé les éléments répressifs.

...« Les syndicats formés, même par des administrateurs, pour spéculer sur les actions émises ne sont pas prohibés par la loi pénale, alors même qu'ils amèneraient une plus-value exagérée sur les titres (Chambre des appels correctionnels, mars 1887). La vente des actions est donc valable si elle n'a pas été entachée de manœuvres frauduleuses. Ainsi donc, le syndicat devient licite même s'il est composé des premiers souscripteurs des actions, même s'il a pour but une spéculation sur la revente des actions.

« Mais le syndicat ne reste pas toujours une association occulte; il a recours à une publicité; ces moyens extérieurs par lesquels il se révèle au public ne peuvent-ils pas constituer un dol?

« La cour d'Orléans s'est placée sur le terrain du droit commun en appliquant au syndicat la distinction classique : si le syndicat s'est servi de la presse, de la publicité, des prospectus dans les limites dont pourrait se servir n'importe quel particulier, il n'est pas répréhensible. « Considérant... que, s'il est vrai qu'un syndicat s'est formé entre les souscripteurs primitifs des actions dans le but de les rétrocéder avec prime, cette convention, licite en elle-même, puisqu'elle n'est prohibée par aucune des dispositions de la loi, ne peut entacher de nullité une société régulièrement constituée; qu'elle laisse subsister dans toute leur force et sans les dénaturer les engagements pris par les souscripteurs envers la société elle-même...; considérant d'ailleurs que ce syndicat n'a pas été occulte... »

« Ainsi un syndicat ne perd pas son caractère par le fait qu'il s'est révélé par une action intense et énergique. Mais ses moyens d'action peuvent être jugés. Aussi l'arrêt continue : « ...

Qu'en outre, ces mêmes circulaires ne contiennent aucune énonciation mensongère de nature à tromper l'acheteur sur la situation de la Compagnie; qu'après avoir déterminé son objet et fait connaître, ce qui était exact, que la Société Générale lui prêtait son concours financier, elles se sont bornées à énumérer les gros bénéfices réalisés par les sociétés d'assurances déjà existantes, ainsi que la valeur que leurs actions avaient atteinte, en manifestant l'espérance que la nouvelle société obtiendrait les mêmes résultats... » (Orléans, 24 juill. 1890).

« En principe, on peut donc dire qu'un syndicat n'a rien d'illicite, qu'il ne constitue pas une manœuvre frauduleuse. Mais il faut qu'il soit établi que son existence a été ignorée des plaignants, que la constitution du syndicat n'a pas eu pour but de persuader de l'existence d'une fausse entreprise ou d'un événement chimérique (Trib. corr. Seine, 8e Ch., 21 juin 1901). »

* * *

Nous arrêtons ici les citations extraites de l'ouvrage de M. Tchernoff, ouvrage auquel on pourra se reporter avec la certitude d'y trouver les commentaires et les solutions visant tous les cas de doctrine et de jurisprudence financières; ajoutons que le *Traité de droit pénal financier* est admirablement référencé et qu'il est tenu à jour par des suppléments.

* * *

Pour terminer ce chapitre, nous reproduisons trois libellés de syndicat, de société de gérance et de groupement pour opérations en commun.

1° Syndicat de réalisation des actions
(Ici désignation de la société).

Acte syndical.

Article Premier. — *Le Syndicat a pour objet toutes opérations d'achat et de vente d'actions tant en Bourse que hors Bourse et toutes opérations sur les dits titres.*

Art. 2. — *Le Syndicat est divisé en 400 parts de 10.000 frs (dix mille francs) chacune à souscrire en espèces.*

Art. 3. — *Chaque participant peut souscrire jusqu'à concurrence de 20 parts maximum.*

Art. 4. — *Le Syndicat sera géré par le Syndicat Général de garantie d'Emission et d'Introduction de la...*

Art. 5. — *La Gérance sera investie des pouvoirs les plus étendus pour la gestion du Syndicat, l'achat et la réalisation des titres, tant en Bourse que hors Bourse, la publicité à faire à cette occasion dont elle règlera l'importance et les modalités, les dépenses à engager, les options à donner. Elle sera seule chargée de l'exécution des opérations du Syndicat et de l'établissement de tous comptes.*

Art. 6. — *Comme rémunération de sa gestion, la Gérance aura le droit de prélever 15 % des bénéfices nets du Syndicat.*

Art. 7. — *Les Syndicataires sont engagés, sans solidarité entre eux, pour leur participation respective et uniquement pour le montant de cette participation.*

Art. 8. — *Le Syndicat ne reconnaît comme participants que ceux qui auront adhéré au présent Syndicat au moment de sa constitution et il restera étranger à toute rétrocession éventuelle à des tiers. En cas de décès d'un Syndicataire, les héritiers ou créanciers de celui-ci ne peuvent, sous quelque prétexte que ce soit, requérir l'apposition des scellés sur les biens et papiers du Syndicat, ni en demander le partage ou la licitation, ni s'immiscer en aucune manière dans les actes de son administration. Ils doivent, pour l'exercice de leurs droits, s'en rapporter à la Gérance.*

Art. 9. — *Le Syndicat prendra fin par la réalisation de son objet et au plus tard le... (généralement la durée est de trois ou six mois).*

Art. 10. — *Si, au moment de sa liquidation, le Syndicat se trouvait ne pas avoir réalisé la totalité des titres souscrits par ses soins, chaque Syndicataire s'engage à lever une part des titres restants, proportionnellement à sa participation dans le Syndicat. Toutefois, et dans ce dernier cas, sur décision de la gérance, le Syndicat pourra être prorogé jusqu'au... (généralement de trois ou six mois).*

Art. 11. — *A la liquidation du Syndicat ou au cours de sa réalisation, s'il est jugé utile, les bénéfices de placement seront partagés entre tous les Syndicataires, au prorata de leur part dans le Syndicat.*

Art. 12. — *La gérance du Syndicat sera chargée de la liquidation et de la répartition du produit des opérations syndicales.*

Art. 13. — *Un Conseil de Surveillance, composé de trois membres choisis parmi les souscripteurs les plus importants, sera nommé par les soins de la gérance.*

Art. 14. — *Les comptes seront définitivement approuvés à la majorité des voix, par une Assemblée Générale composée de tous les Syndicataires spécialement convoqués par lettre individuelle et présents ou représentés à ladite Assemblée.*

Le Gérant.

BULLETIN DE SOUSCRIPTION

M. ....

déclare souscrire .... *parts de* 10.000 *francs chacune, dans le Syndicat de Réalisation des actions de la*............

Fait à.............., *le* ....

Lu et approuvé.

(Signature)

2° Société de Gérance.

Article Premier. — *Il est formé entre les adhérents aux présentes, une association en participation ayant pour objet de constituer un groupement de capitaux pour l'achat et la vente de titres cotés à la Bourse de Paris.*

Art. 2. — *Les titres auxquels le groupement pourra s'intéresser devront être obligatoirement cotés à la cote officielle des Agents de change ou à la Cote du Syndicat des Banquiers en valeurs.*

Art. 3. — *Les capitaux groupés en vue de l'objet spécifié à l'article 1er ne dépasseront pas un million de francs, chaque adhérent pourra s'y intéresser à raison d'un ou de plusieurs versements unitaires de 5.000 francs. Toutefois, la Société de Gérance aura qualité pour considérer l'Association comme réalisée et commencer les opérations syndicales à partir du moment où une première tranche du 1/20e du maximum prévu aura été versée.*

Art. 4. — *Chaque adhérent au groupement participe aux opérations de celui-ci au prorata de la somme versée, mais il ne contracte aucun engagement solidaire par rapport aux autres adhérents.*

Art. 5. — *Les opérations du groupement ci-dessus défini seront gérées par la Société de Gérance, dont le siège est rue...... à ..., celle-ci ayant tous pouvoirs pour racheter et vendre tous titres sur le marché, consentir et payer toutes rémunérations et généralement faire tout ce qui sera nécessaire pour l'aboutissement de l'objet défini plus haut, sans restriction, ni réserve.*

Art. 6. — *La gérance du groupement sera tenue de communiquer* aux adhérents au plus tard dans le délai de cinq jours après le dernier achat, *le nom des titres auxquels le groupement est intéressé.*

Art. 7. — *Les capitaux constituant le Groupement seront*

déposés par la Société de Gérance sous un compte spécial chez un Agent de Change ou un membre du Syndicat des Banquiers au comptant suivant les opérations : ils ne pourront s'en dessaisir qu'en contre partie des titres acquis par le groupement, lesquels devront demeurer obligatoirement dans leurs caisses jusqu'à l'expiration dudit groupement.

ART. 8. — *Les comptes du groupement seront tenus sous la surveillance et le contrôle d'un expert-comptable diplômé.*

ART. 9. — *La durée du groupement est fixée à six mois comptant à partir de la date où le groupement aura commencé ses opérations. Cette durée pourra être prorogée de six mois par décision de la Société de Gérance. Aucune autre prorogation ne sera ensuite possible et le groupement devra être obligatoirement dissous.*

ART. 10. — *Lorsque chaque opération du groupement sera terminée, les comptes en seront dressés par un expert-comptable diplômé et le résultat communiqué aux adhérents. A l'expiration du groupement, les résultats des opérations de l'expert-comptable seront tenus à la disposition des adhérents d'une façon permanente pendant la quinzaine suivante.*

ART. 11. — *Au cas où les bénéfices réalisés par le groupement atteindraient la moitié des capitaux réunis avant l'expiration du groupement une répartition devra être faite obligatoirement entre les participants.*

ART. 12. — *Pour calculer les bénéfices nets à répartir entre les adhérents lors de la liquidation du groupement il sera procédé de la façon suivante : Du montant du produit des ventes sous déduction des courtages et impôts, il sera déduit le montant des achats augmentés des courtages et impôts. Cette différence constituera le bénéfice brut.*

De ce bénéfice brut il faudra retrancher : 1° les frais de publicité; 2° les commissions de guichet et de placement qui pourront être allouées conformément à l'article 5; 3° les frais généraux fixés forfaitairement à 5 % du capital versé; 4° la rémunération allouée à la société de Gérance pour la direction des opérations syndicales fixé forfaitairement à 20 % des bénéfices réalisés.

3° Groupement pour opérations en commun.

Article Premier. — *Il est formé un Groupement pour l'achat et la vente de toutes valeurs du marché officiel et du marché en banque.*

Art. 2. — *La Gérance du Groupement est assurée par le* Service Financier de la Banque..., *qui aura droit à* 10 % *des bénéfices nets.*

Art. 3. — *Le Groupement est composé de parts de* 5.000 *frs.*

Art. 4. — *Chaque part est indivisible.*

Art. 5. — *Le maximum de parts attribuées à un seul participant est de 20 parts.*

Art. 6. — *La durée du Groupement est fixée à six mois à dater de la signature des présentes.*

Art. 7. — *Le Groupement pourra être prolongé d'une égale durée, à charge par la Gérance de prévenir les participants, par lettre recommandée, trois mois avant la date d'expiration.*

Art. 8. — *Le règlement des parts peut s'opérer :* a) *En espèces;* b) *En titres formant couverture, ces titres étant décomptés au cours du jour de leur remise.*

Art. 9. — *Chaque participant sera avisé mensuellement des résultats obtenus par le Groupement.*

Art. 10. — *Les comptes seront arrêtés mensuellement et les soldes créditeurs tenus à la disposition des participants dans la quinzaine qui suivra l'arrêté des comptes.*

Art. 11. — *Chaque participant aura le droit de se dégager du Groupement, à charge pour lui de prévenir la Gérance trois mois à l'avance par lettre recommandée.*

Inutile d'ajouter qu'avant de signer de tels engagements les profanes devront s'entourer de toutes les garanties possibles; notamment on devra se renseigner très sérieusement sur la valeur morale et matérielle des financiers qui sont à la tête de ces groupements et syndicats. C'est une recommandation sur laquelle l'auteur insiste tout particulièrement dans l'intérêt de la petite et moyenne épargne et des néophytes de la Bourse.

*
* *

A propos des signatures dont sont revêtues les actes sous-seings-privés, M. Goubeau, dans son intéressante revue *Voir Clair* fait remarquer que contrairement à l'usage le plus répandu, la mention « lu et approuvé » n'est pas toujours obligatoire sur les actes sous-seings privés. Quand ce sont des actes synallagmatiques, c'est-à-dire établis en plusieurs exemplaires et engageant chacune des parties, les signatures n'ont pas besoin d'être précédées d'une mention « bon » ou « approuvé ». Le Code civil n'a prévu cette obligation que pour les actes unilatéraux non écrits entièrement de la main des intéressés (Article 1326 C. C.).

CHAPITRE IV

Définition de l'Omnium. — Par son objet il s'apparente avec l'Investment Cy. — Différence entre la Société financière et la Société de participations. — Le Trust en général; le trust industriel et les trust-companies. — Le cartel ou consortium, est un syndicat professionnel de large envergure. — Il revêt, le plus souvent, la forme d'une entente, généralement internationale, tendant à régler la production ou la fabrication. — Jurisprudence appliquée au syndicat professionnel.

Omnium est un mot latin qui veut dire : tout. L'omnium serait donc étymologiquement et à première vue une société financière ou commerciale qui traite toutes les opérations indistinctement. En réalité l'*Omnium* peut se définir : une société dont l'actif se compose de titres de portefeuille Son but est de rechercher les placements judicieux, présentant un minimum de risque et assurant un maximum de revenu. L'omnium ne cherche pas en principe à obtenir le contrôle sur des entreprises filiales; son portefeuille peut être aussi bien constitué par des obligations et des rentes que par des actions et des parts, le droit de vote et de contrôle n'a pas pour lui la même importance que pour la Holding Cy; ce qui importe avant tout pour l'omnium c'est la sécurité et le rendement des titres qu'il possède, alors que pour la Holding c'est le contrôle permanent et durable. Certaines sociétés revêtent à la fois le caractère de Holding et d'Omnium.

Généralement on emploie comme synonymes les expressions « Société financière », « Société de participations » et « Omniums »; cependant plusieurs auteurs voient une différence entre ces désignations et ils estiment que la *Société financière* a pour but de créer des entreprises en les finançant, plus particulièrement elle participe à des entreprises situées dans des pays lointains en leur procurant des capitaux; la *Société de participations* s'intéresse à des sociétés déjà existantes en achetant ou souscrivant des titres et en prenant une part effective dans l'administration de ces entreprises.

*
* *

Un Omnium est une société anonyme qui n'exerce directement aucun commerce et aucune industrie. Elle emploie son capital à l'achat d'actions d'entreprises appartenant généralement à une catégorie déterminée, des actions de tramways et de chemins de fer, par exemple; elle détache les coupons et en répartit le produit sous forme de dividende à ses propres actionnaires.

En Angleterre, l'Omnium s'appelle Trust de placement, ce qui est une dénomination aussi exacte qu'expressive. On pourrait également lui donner la qualification de coopérative.

L'avantage capital de cette formule, et ce qui a assuré son succès, c'est qu'elle permet à la petite épargne de sortir du cadre un peu étroit dans lequel elle se meut habituellement et dont il lui est d'ailleurs bien difficile de s'évader; c'est qu'elle lui donne par surcroît une sécurité absolue en la faisant bénéficier de la division des risques.

Nombre de valeurs sont absolument interdites au modeste épargnant pour cette première raison que leur prix est prohibitif. Ainsi, il faut être aujourd'hui un capitaliste sérieux pour pouvoir mettre en portefeuille des actions de la Banque de France ou de Suez.

D'autre part, l'homme qui a fait de petites économies et n'est pas arrivé à la fortune n'a pas le moyen de courir des risques. Ayant besoin d'un revenu régulier pour vivre, il commettrait une imprudence en devenant actionnaire d'une entreprise qui peut réduire ou même supprimer son dividende sans cesser pour cela d'être une bonne affaire. Le voilà donc condamné à ne pas sortir des valeurs dites de père de famille. Elles ne lui feront, certes, pas courir de grands risques de perte; mais elles ne lui procureront pas non plus, en général, des gains bien importants et son capital demeurera immuable, ou peu s'en faut. Pour qu'il réalise de sérieux bénéfices, il lui faudrait avoir la chance de fréquents remboursements avec prime, ou encore de fortes hausses de la Bourse, qui ne se produisent guère en temps normal.

Un Omnium bien géré peut donner à ses adhérents des résultats autrement intéressants, si nous nous en rapportons à l'exemple de l'Angleterre où l'on cite des trusts de placement qui, depuis 1913, et malgré les crises survenues durant les quinze dernières années, n'ont jamais cessé de répartir un dividende régulier de 10 %. Ils auraient pu faire mieux encore s'ils n'avaient la prévoyance d'accumuler des réserves destinées à assurer la permanence du dividende. L'actionnaire du trust bénéficie d'ailleurs immédiatement de ces réserves, puisqu'elles font monter constamment le cours de ses actions.

Il n'existe que deux conditions pour assurer la fortune d'un omnium. Il faut qu'il ait à sa tête des financiers de premier ordre, admirablement documentés sur les possibilités techniques et économiques des entreprises nouvelles, sachant se montrer en toutes circonstances habiles et prudents, attentifs enfin à ne jamais se laisser entraîner dans des opérations ayant le caractère de jeu. Il faut, en second lieu, que l'Omnium s'impose pour règle absolue de s'intéresser à des affaires très nombreuses et très variées.

L'Omnium, tel qu'il a existé en France, se cantonnait généralement dans une seule catégorie de titres. C'était une cause de faiblesse, car il peut suffire d'une découverte scientifique ou d'un bouleversement économique quelconque, sinon pour ruiner, du moins pour troubler profondément toutes les industries ayant un objet similaire. Le trust de placement, lui, ne néglige aucune catégorie de valeurs; il met en portefeuille des banques et des pétroles, des transports et des mines, de l'électricité et du caoutchouc; il achète à Londres ou à New-York des actions inconnues du public français; il ne dédaigne pas les valeurs à change, etc... Il arrive ainsi à associer ses actionnaires à toutes les formes de l'activité humaine dans tous les pays du monde. Il est inutile d'en dire davantage pour montrer quelle sécurité et quelle régularité de rendement doivent en résulter.

Pourquoi, en France, a-t-on délaissé l'Omnium? Pourquoi ne se crée-t-il pas des sociétés de placement, à l'instar de celles qui existent au-delà de la Manche?

C'est très simple. Le fisc s'y oppose! Jetez plutôt les yeux sur le taux effroyable des impôts frappant les valeurs mobilières.

Nous serons modeste en évaluant au tiers du coupon la part de dividende que s'alloue l'État sur la plupart des entreprises. Un Omnium supporterait donc une première amputation du tiers sur le revenu de son portefeuille; ses actionnaires se verraient retenir un second tiers lorsqu'ils détacheraient eux-mêmes leurs propres coupons. Cela fait, sur les bénéfices bruts de la société 66 % d'impôts. Ajoutez à cela les frais généraux de l'Omnium, qui ne sont assurément pas bien élevés, mais dont il faut tenir compte (siège social, garde de titres, courtages, bureau d'études financières, etc.), et nous nous apercevons qu'il ne resterait à peu près rien pour l'actionnaire.

La société de placement est un instrument admirable et pratique en Angleterre, où les taxes sur les valeurs mobilières sont raisonnables, en Amérique où elles n'existent pas. Elle est impossible en France depuis la guerre puisque si vous vous associez pour effectuer des placements, vous êtes condamné à payer deux fois l'impôt — et un impôt écrasant. C'est à la fois absurde et inique, mais c'est ainsi.

Pour que l'Omnium puisse renaître de ses cendres, il faudrait qu'une loi intervienne pour exonérer de toute taxe l'action des sociétés de cette nature. Le fisc n'y perdrait rien, puisqu'il continuerait à percevoir, comme devant, les taxes existantes sur le produit du portefeuille social.

Mais ce sont là des choses simples qu'il est très difficile de faire comprendre aux enragés de fiscalité ou aux démagogues. Ces derniers voudraient voir, d'ailleurs, dans les Omnium, de dangereuses associations de ploutocrates plutôt que des instruments d'épargne pour la masse laborieuse des petites bourses.

La nouvelle Chambre, qui se flatte d'être réaliste et intelligemment démocrate, ferait preuve de bon sens en mettant en chantier une loi déterminant le statut fiscal des omnium et donnant aux sociétés de cette nature la possibilité de vivre.

Saura-t-elle préférer aux grandes réformes tapageuses et onéreuses, la protection efficace des petits épargnants sur qui repose la fortune de la France.

Nous voulons l'espérer et déjà en fin de session (août 1929) le Parlement a commencé à voter les premiers dégrèvements fiscaux en faveur des valeurs mobilières.

* * *

Trust, mot anglais veut dire confiance; au sens propre, il correspond assez exactement à notre expression « syndicat » pris en tant que voulant désigner une association de banquiers, de capitalistes ou de publicistes en vue de soutenir les cours d'une valeur ou les prix d'une marchandise. De la façon dont sont organisés et dont fonctionnent certains trusts aux États-Unis, comme le trust de l'acier ou du cuivre, le mot trust correspondrait plutôt, dans ce cas, à l'idée d'accaparement.

On distingue : 1° le trust industriel, qui est une fédération d'entreprises similaires, représentées par une seule, donnant des ordres uniformes ou divergents, selon les besoins de sa politique, passant elle-même des marchés, et répartissant entre ses filiales les conditions de ces marchés; 2° les trusts-companies qui sont des institutions de gestion et non des banques, à proprement parler. Une Trust Company reçoit des fonds en dépôt à la manière d'une caisse publique, avec mandat de les remettre à qui de droit, sur justification d'identité ou d'accomplissement de telles ou telles conditions. Elles gèrent des propriétés, sont exécuteurs testamentaires, veillent à la bonne exécution de certains contrats; elles peuvent aussi ouvrir des comptes et faire des emplois de fonds.

Une information parue en juillet 1929 dans la presse financière nous donnera une idée d'une autre formule de *trust* pratiqué aux États-Unis; cette information est ainsi conçue : La *Chrysler* suit l'exemple de la *General Motors* :

« La maison américaine d'automobiles *Chrysler* vient de former un trust dont les actionnaires seront les principaux chefs de la firme, et qui a pour but d'acheter 60.000 actions Chrysler qui seront distribuées à titre de gratifications à une cinquantaine de ses directeurs. La société avancera les fonds nécessaires à l'achat du nombre d'actions du trust auquel chacun des participants aura droit.

« En dehors des revenus de son portefeuille, le trust recevra 3 % des bénéfices de la société « Chrysler » après paiement des intérêts statutaires de 7 %. Les fonds disponibles serviront à acheter de nouvelles actions Chrysler, naturellement. Ce système de gratifications sera généralisé, et le personnel non admis à faire partie du trust recevra aussi des gratifications désormais en titres et non en espèces. »

*
* *

Le mot *cartel* est d'origine italienne et sa signification première est : provocation en duel. Est-ce pour cette raison qu'un groupe d'hommes politiques l'a adopté chez nous pour affirmer son hostilité contre ses collègues du parlement peu enclins à subir une telle dictature? Ce qui est certain c'est que les mots « cartel » et « cartellistes » ont pris un sens tout à fait péjoratif et sont synonymes de politique et politiciens néfastes.

*
* *

Le mot *cartel*, dans le domaine de l'industrie et de la production, est synonyme de *Consortium* et désigne une association ou plus exactement et plus simplement une entente établie en vue de réglementer la production ou les prix de certains produits ou la fabrication de certains objets de consommation et d'utilisation générale.

D'ailleurs rien ne donnera une définition plus claire du cartel ou consortium que les quelques informations parues en juillet 1929 que nous reproduisons à titre d'exemples et de démonstration.

*
* *

Le Cartel international du Zinc. — Une importante réunion des producteurs de zinc de Grande-Bretagne, d'Allemagne, de Silésie, de Belgique et de France, à laquelle assistaient les producteurs du Canada et du Mexique, s'est tenue à Ostende en vue d'examiner la question du renouvellement du cartel international. A l'issue de la séance, le communiqué suivant a été publié : « A une réunion tenue à Ostende, les fondeurs de zinc européens, canadiens et mexicains ont décidé de réduire la production de 10 % au lieu de 5 % et ce, jusqu'à fin 1929. Une autre réunion décidera ultérieurement du taux de production pour 1930. » La réduction supplémentaire est due au fait que, par suite de la création de nouvelles usines, le stock se trouve en augmentation.

* * *

Pétrole. — La conférence annoncée à Londres entre les représentants des principales sociétés pétrolières américaines et ceux des grandes compagnies européennes, notamment la Royal Dutch et la Shell, est imminente, car le bateau qui porte les délégués américains fait route sur l'Angleterre. Officiellement, le programme en est étroitement limité : il s'agit des ventes en Europe et de la réglementation des prix de l'essence à l'exportation, afin d'en comprimer l'avance. Cependant, il ne fait pas de doute que, tout au moins dans les coulisses de la conférence, la question de la surproduction du pétrole et des remèdes à y apporter sera abordée, d'autant que parmi les participants, et non des moindres, à cette conférence, certains se sont déjà montrés partisans résolus d'une politique de restriction. On considère donc la conférence de Londres comme une étape nouvelle dans la voie de la réglementation de la production, réglementation qui semble s'imposer d'une façon d'autant plus urgente que chaque semaine qui s'écoule enregistre de nouveaux records. C'est ainsi que la production journalière aux Etats-Unis qui, pour la semaine se terminant le 22 juin, enregistrait le chiffre déjà très élevé de 2.764.000 barils, a atteint 2.815.000 barils dans la semaine au 29 juin, et 2.857.000 barils dans la semaine au

6 juillet, contre 2.383.900 tonnes l'année dernière. Dans certains milieux de Wall Street on s'attend au chiffre de 3 millions de barils et on désire même l'atteindre à brève échéance dans l'espoir que sa publication hâtera la convocation de la conférence ajournée.

* * *

Vers un cartel international des wagons. — On mande de Prague : on apprend que des pourparlers vont prochainement commencer en vue de la constitution d'un organisme international des wagons. La France, l'Allemagne, la Suède, l'Autriche, la Belgique, l'Italie et la Tchécoslovaquie seront représentées à cette conférence. En Tchécoslovaquie il existe déjà un organisme intérieur qui englobe toutes les fabriques.

* * *

Les nouveaux prix du superphosphate. — Les nouveaux prix pour la saison d'automne ont été fixés par les fabricants de superphosphate minéral. Ils accusent une hausse légère sur les précédents par suite de l'augmentation de certains éléments du prix de revient comme la main-d'œuvre ou le coût de la sacherie. En plus des prix franco qui sont donnés habituellement, les fabricants ont indiqué, cette fois, une base départ usines de 29 fr. 50 les 100 kilos départ Dunkerque, et, généralement, départ des autres usines. Ce prix représente une augmentation.

* * *

Etain. — La conférence, qui s'est tenue à Londres le 11 juillet entre les producteurs britanniques d'étain et dont

l'*Information* du 13 a rendu compte, a abouti à la formation d'une association, la « Tin Producers Associatios », qui groupe 167 compagnies ayant une production globale de 100.000 tonnes, alors que l'extraction totale des producteurs anglais est évaluée à 160.000 tonnes. Un Comité de 21 membres a été institué en vue d'étudier les conditions destinées à rendre opérante cette Association. C'est là un premier résultat très intéressant, et on s'attend à ce que les producteurs étrangers soient invités à participer à l'Association. Déjà, on apprend qu'aux termes d'un récent accord la totalité de la vente des minerais boliviens sera placée sous un seul contrôle.

Ces nouvelles ont eu sur le marché l'effet le plus favorable, et le métal a progressé depuis la semaine dernière de 205.12.6 au comptant à 213.12.8 et à terme de 205.17.6 à 217.7.6, avec tendance en hausse.

*
* *

Comme on le voit par ces quelques citations et ainsi que nous le disions plus haut le *cartel* vise à réglementer la production, en réalité à la réduire ce qui est le plus sûr moyen d'agir sur les prix et de provoquer la hausse ou tout au moins d'enrayer la baisse; d'autre part, on le constate, le *cartel* est international et groupe parfois les producteurs et fabricants des deux continents.

En somme le *cartel* revêt la forme d'un syndicat professionnel de large envergure. A ce propos il apparaît opportun de rappeler quelques décisions judiciaires de date récente à propos de l'intervention des syndicats professionnels dans la fixation des prix ou l'interdiction de vente.

La jurisprudence a fait régulièrement jusqu'ici au syndicat professionnel l'application des articles 419 et 420 du Code pénal.

Les peines des articles 419 et 420 ont été prononcées contre les membres du syndicat qui ont interdit de vendre de la bière à un membre du syndicat refusant de relever ses prix. La canette de bière ne peut pas être assimilée à une spécialité pharmaceutique, que son fabricant est libre de vendre à des prix arbitraires. Elle constitue une boisson de large consommation protégée spécialement par l'article 420 du Code pénal. Par conséquent les décisions du bureau du syndicat ne peuvent pas être respectées par les principaux dépositaires, au risque de les exposer aux sanctions de l'article 419 du Code pénal (Trib. corr. Seine, 20 mars 1922).

Encourent également les sanctions de l'article 419 du Code pénal les boulangers d'une ville qui se sont coalisés pour obtenir le relèvement de la taxe du pain et ont fermé à cet effet leur établissement et ont déterminé la hausse des prix au-dessus du cours normal. La Cour de cassation a écarté la fin de non-recevoir résultant de ce que la mesure a été prise par un syndicat, la loi du 21 mars 1884 laissant intactes les dispositions des articles 419 et 420 du Code pénal (Cass. Ch. crim., 17 juin 1922).

La même sanction a été prononcée, en vertu de l'article 419 du Code pénal, contre des laitiers approvisionnant une ville, quoique constitués en syndicat. Il a été constaté que le syndicat ne fonctionnait pas pour la défense d'intérêts corporatifs, mais dans un esprit de cupidité, pour obtenir une augmentation du prix du lait que lui ont refusée les pouvoirs publics, et la peine a été prononcée quoique les laitiers n'aient pu obtenir la hausse du prix de leur produit qu'en amenant la commission des prix normaux instituée par le décret du 31 juillet 1919 à élever ce prix.

On a constaté en fait que les laitiers ont porté la hausse du prix du lait au-dessus du prix qu'aurait déterminé la concurrence naturelle et libre du commerce dont ils ont par leurs agissements paralysé les effets. Ces constatations relevaient du pouvoir souverain du juge du fond (Cass. Ch. crim., 17 juin 1922)

Par contre la Cour de cassation a déclaré licite l'entente entre les négociants d'une ville dont l'objet est, non de déterminer une hausse factice du prix d'une marchandise, mais de mettre fin à l'avilissement que lui fait subir la concurrence locale (Cass., 26 octobre 1921).

Par conséquent, doit être considérée comme ayant un objet licite une société qui poursuit le relèvement de la condition des associés par des efforts communs et la suppression d'une concurrence désastreuse, quand il est établi qu'elle n'a pas pour objet l'accaparement du marché et l'établissement du monopole.

Dès lors, les engagements pris par les associés vis-à-vis de la société doivent être exécutés. L'associé qui vend son fonds aux enchères sans insérer dans le cahier des charges, malgré son engagement vis-à-vis de la société, l'obligation pour l'acquéreur d'adhérer à la société, s'expose aux sanctions prévues au pacte social (Lyon, 12 octobre 1922).

CHAPITRE V

Le Hors-Cote. — Son développement, ses avantages, ses inconvénients. — La validité des transactions hors-cote ou de gré à gré sanctionnée par plusieurs décisions de justice. — De la cession civile des titres d'apport, arrêt de la Cour de cassation. — Texte complet et commentaires de la loi du 3 décembre 1926 modifiant les articles 419 et 420 du Code pénal et visant les opérations syndicales de placement ou de garantie en matière d'émission ou de vente de valeurs de Bourse.

En dehors du marché officiel ou parquet et du marché libre ou coulisse, il s'est constitué un marché également libre, qu'on appelle « le Marché hors cote » qui a pris, depuis un certain temps, une extension considérable.

Plusieurs circonstances y ont contribué, au nombre desquelles il faut probablement mettre en première ligne la complication des formalités requises pour l'inscription des valeurs à la cote officielle ou aux cotes des syndicats de la coulisse. Il fut un temps où l'on ne connaissait, à la Bourse, que le marché officiel et le marché libre. Mais l'organisation de ce dernier sous le contrôle de syndicats qui, sans avoir de caractère officiel, ont pris néanmoins le caractère, l'esprit et les prérogatives de corps constitués, avec les sécurités, les traditions et aussi les habitudes formalistes que cette qualité implique, en a fait une sorte de marché officiel de seconde ligne, qui ne répond plus guère à l'idée d'un marché libre.

Aussi la liberté a-t-elle pris sa revanche, car elle ne perd jamais ses droits. Il s'est créé une coulisse de la coulisse qui est le marché hors cote actuel, où se négocient couramment des centaines de valeurs dont beaucoup sont d'ailleurs destinées à être inscrites un jour à la cote officielle ou aux cotes des syndicats de la coulisse.

Le public perd, à cette pratique, un certain nombre de garanties appréciables, dont la principale est de pouvoir vérifier au jour le jour, sur des cotes régulières, les cours des valeurs qui l'intéressent. Mais il faut croire que cet inconvénient ne suffit pas à supprimer l'attrait qu'exerce le marché hors cote sur un vaste public, puisque les transactions y sont nombreuses.

Bien souvent, en effet, les valeurs qui, destinées à être introduites un jour sur l'un des marchés traditionnels, sont tout d'abord négociées sur le marché hors cote, y comblent leur marge de hausse, de sorte que leur introduction se fait à la cote à des cours qui ne présentent plus qu'un intérêt limité. On peut même constater que c'est là une des raisons qui, à la faveur du développement de l'esprit de spéculation, ont fait la fortune du marché hors cote. Certaines périodes d'effervescence spéculative ont même développé des illusions assez curieuses à cet égard. Le public voulait avoir des titres avant leur introduction, persuadé qu'il les aurait à meilleur compte. Le fait qu'un titre n'était pas coté était présenté, par certains courtiers, comme un avantage, comme une preuve que l'intérêt de la valeur n'était pas défloré. C'est ainsi qu'on a vu des mouvements spéculatifs exagérés se produire sur des groupes de valeurs dont les cours ne faisaient leur apparition sur les cotes particulières que pour s'y dégonfler.

Ces exagérations n'empêchent que le marché hors cote présente de nombreuses occasions de placement en valeurs encore peu connues, et, partant, meilleur marché que des titres d'affaires notoires. Une entreprise peut être inconnue du grand public parce qu'elle est de création récente, ou parce que ses titres sont restés entre les mains de groupes fermés. Le marché hors-cote recueille souvent, par suite de changements de mains, d'héritages, etc., de petites quantités de titres d'affaires importantes, dont la presque totalité est encore détenue par des sociétés ou des syndicats et ces occasions peuvent être mises à profit quand on est bien renseigné. Il faut, évidemment, ne s'aventurer dans cette pénombre du marché hors cote qu'avec circonspection, car, parmi ces affaires nouvelles et peu connues, il en est de toutes qualités.

Quant aux inconvénients qui résultent de l'absence de contrôle régulier sur les cours, pour l'exécution des ordres d'achat et de vente, ils sont réduits au minimum si l'on s'adresse à un intermédiaire présentant toutes garanties d'honorabilité. L'honnêteté de l'intermédiaire est aussi nécessaire que la bonne foi du guide financier, aussi est-il indispensable de s'entourer de beaucoup de précautions et de bien s'assurer avant d'acheter, de savoir ce que l'on achète et à qui on l'achète (Extrait de notre ouvrage *Dictionnaire pratique des opérations de Bourse et de Banque*).

*
* *

Comme les opérations de syndicat portent fréquemment sur des titres non cotés, il nous a paru tout logique de consacrer le dernier chapitre de cet ouvrage à la question du *Hors Cote*. Nul n'ignore en effet qu'on a beaucoup discuté et que de nombreux conflits se sont élevés à propos de la négociation des valeurs hors-cote.

Plusieurs décisions de justice ont définitivement tranché la question de la validité des transactions en titres non cotés.

Voici tout d'abord un cas tranché par le tribunal civil de

la Seine et confirmé par la Cour : l'achat de valeurs hors cote peut se faire en Bourse, mais il peut également être traité directement entre banquier et coulissier, la contre-partie pouvant ne pas se trouver en Bourse à la date indiquée. Le banquier à qui l'ordre a été donné d'acheter des valeurs Hors Cote en Bourse ne commet aucune faute en achetant ces valeurs directement à un banquier.

Le tribunal civil de la Seine a condamné une cliente de Bourse à payer la somme de 36.410 fr. 80 avec intérêts de droit pour prix d'achat d'actions de la Société des Tonnelleries du Médoc. La cliente a interjeté appel de ce jugement et a soutenu devant la Cour que ces valeurs n'avaient pas été achetées dans les termes et les conditions par elle fixées pour cet achat, parce qu'elle avait donné à son banquier l'ordre d'acheter en Bourse et Hors Cote, alors que l'achat avait été fait directement à un autre banquier. Mais la 3e Chambre de la Cour d'appel l'a déboutée de sa demande et a confirmé purement et simplement le jugement du Tribunal civil (Arrêt du 1er février 1929).

*
* *

Le Tribunal de Moulins s'est prononcé dans le même sens :

« Le donneur d'ordres ne peut se refuser à prendre livraison de titres et à en payer le prix lorsque ces titres lui ont été cédés sur un ordre signé de lui sans aucune ambiguité, en prenant comme prétexte qu'il n'avait signé cet ordre qu'à la suite de la visite d'un démarcheur de la Banque. Il ne peut pas plus se refuser à prendre livraison des titres en invoquant le défaut de justification par la Banque de l'achat des titres en Bourse, lorsqu'il s'agit de titres ne figurant pas à la Cote officielle.

« Un client, habitant, la province, avait passé à une

banque de Paris, spécialisée dans les opérations de vente ou d'achat de titres hors cote, un contrat d'achat de cinquante titres ne figurant pas à la Cote officielle, et ce, à la suite de la visite qui lui avait été faite par un des démarcheurs de ladite banque.

« La banque, par un avis d'opéré, avait avisé le donneur d'ordres de la vente et lui avait réclamé la valeur des titres, offrant de les lui livrer.

« Le client soutenait que la banque n'avait pas exécuté l'ordre de bonne foi en ne justifiant pas que les titres avaient été achetés par elle en Bourse; qu'au contraire, les titres en question se trouvaient en portefeuille à la banque au moment du marché.

« La banque avait assigné le donneur d'ordres en paiement du montant des titres cédés aux offres de les lui livrer.

« Le Tribunal civil départemental de l'Allier, qui avait à connaître du litige, a jugé, le 14 juin 1927, que c'était à tort que le client se refusait à prendre livraison des titres et d'en payer le prix, en déclarant que, si ce dernier avait fait une opération financière qu'il jugeait déficitaire, il apparaissait en l'espèce que cette circonstance était due à sa propre imprudence et à son manque de précaution; que, sollicité par un démarcheur de la banque, il lui appartenait de ne traiter avec lui aucune affaire avant de se renseigner, au lieu de signer imprudemment un ordre d'achat que la banque était en droit d'invoquer contre lui.

« L'ordre d'achat, au bas duquel le client avait apposé sa signature, était, en effet, ferme, le titre étant clairement énoncé et le prix fixé. Le donneur d'ordres ne pouvait justifier qu'il avait révoqué cet ordre; il lui était donc opposable.

« En dernière analyse, le défendeur faisait plaider la nullité de l'opération parce que, disait-il, la banque ne pouvant justifier de l'exécution par elle de l'achat en Bourse,

elle entendait lui livrer des titres qu'elle avait en portefeuille au moment du marché.

« Sur ce dernier point, le Tribunal a jugé, et cela conformément à la jurisprudence établie en cette matière, que les opérations étaient licites lorsqu'il s'agissait de titres ne figurant pas à la Cote officielle, d'autant qu'il résultait, en l'espèce, d'une lettre écrite par la banque à son client, que celui-ci avait appris par le démarcheur que la banque possédait un certain nombre de titres disponibles et qu'il lui en serait réservé cinquante. »

* * *

Une autre question importante est celle de la négociation ou plus exactement celle de la cession d'actions et autres d'apport.

La loi du 24 juillet 1867 sur les Sociétés dit au sujet des actions d'apports : « Les actions représentant des apports devront toujours être intégralement libérées au moment de la constitution de la Société. Ces actions ne peuvent être détachées de la souche et ***ne peuvent être négociées que deux ans après la constitution de la Société.*** »

Cette interprétation est aujourd'hui encore souvent mal comprise; il y a toujours encore des personnes qui croient qu'aucune cession des actions d'apports ne puisse avoir lieu pendant deux ans à dater de la fondation d'une société.

Cependant, le titulaire d'actions d'apport peut en faire cession par voie civile et en recevoir le prix, divers jugements du Tribunal de Commerce de la Seine ayant limité cette interdiction à la vente en Bourse. Ces jugements ont même précisé que l'aliénation des actions d'apport était opposable à la société et que celle-ci est tenue d'admettre les actionnaires aux assemblées.

La Chambre civile de la Cour de cassation a définitivement solutionné cette question de cession par un arrêt rendu le 4 juillet 1911, dans une affaire Gontier contre de Madre.

Voici cet arrêt :

« La Cour,

« Ouï aux audiences publiques des 3 et 4 juillet 1911, M. le conseiller Dupont, en son rapport, Mes Hannotin et Gault, avocats des parties, en leurs observations respectives ainsi que M. Mérillon, avocat général, en ses conclusions et après en avoir délibéré en la Chambre du Conseil ;

« Sur le moyen unique du pourvoi pris dans ses deux branches;

« Attendu que des constatations de l'arrêt attaqué, il résulte : premièrement que Gontier a, en 1901, fondé une société anonyme dite « La Francia », au capital de 200.000 fr. représenté par 400 actions de 500 francs chacune, 200 actions de capital et 200 d'apport; deuxièmement, que celles-ci ont toutes été attribuées à Gontier; troisièmement, que ce dernier a immédiatement cédé 20 actions d'apport à de Madre, 34 à Landini et 40 à Eberhard; quatrièmement, que de Madre et Landini ont, dès le 7 octobre 1901, signifié à la Société la cession les concernant et qu'ils ont pris part aux assemblées ordinaire et extraordinaire tenues les 8 et 28 du même mois, mais que Eberhard, qui n'a pas notifié à la Société la cession à lui consentie, a assisté à l'assemblée générale du 28 octobre seulement ;

« Attendu que Gontier, prétendant que les cessions de ces actions d'apport, à défaut d'avoir été régularisées par un transfert sur les registres de la Société, n'avaient pu conférer aux cessionnaires le droit d'assister aux assemblées des 8 et 28 octobre, a demandé la nullité des dites assemblées;

« Mais attendu que l'arrêt attaqué déclare avec raison qu'aux termes de l'article 3, § 2 de la loi du 25 juillet 1867, modifié par la loi du 1er août 1893, les actions représentant des apports pouvaient, même pendant les deux années qui suivent la constitution définitive de la Société, être cédées par les voies civiles; qu'il faut, en effet, interpréter restrictivement tout texte qui limite le droit de libre disposition du propriétaire; que l'article précité ne prohibant que la négociation des actions d'apport a, par cela même, autorisé la cession par les modes du droit civil; qu'une telle cession qui, entre les parties, opère immédiatement transmission de la propriété du titre, a pour effet, lorsqu'elle a été signifiée à la Société, conformément à l'article 1690 du Code civil, de conférer au concessionnaire tous les droits qui sont attachés à l'action, notamment celui de prendre part aux assemblées générales.

« Attendu qu'il importe peu que les actions cédées n'aient pas été individualisées par des numéros sur les titres restés attachés à la souche; que l'arrêt attaqué constate que les actes de cession et de signification déterminaient la nature, l'espèce, le nombre, l'origine et le caractère des actions cédées; qu'il en conclut juridiquement, dans ces conditions, que ceux des cessionnaires qui s'étaient conformés aux prescriptions de l'article 1690 du Code civil, devaient avoir les mêmes droits que le cédant et que, par suite, l'assemblée générale ordinaire du 8 octobre 1901, à laquelle avaient pris part de Madre et Landini, était régulièrement composée;

« Attendu, d'autre part, que si Eberhard, qui, à défaut de la signification de la cession faite à son profit, ne pouvait assister aux assemblées générales, a cependant pris part à celle du 28 octobre, l'arrêt attaqué déclare que sa présence à cette assemblée ne pourrait en entraîner la nullité, parce que « abstraction faite des quarante actions d'apport lui appartenant », plus de la moitié du capital social de la société était représenté à la dite assemblée, soit plus du nombre exigé pour la régularité de sa composition et la validité de ses délibérations; qu'il a ainsi répondu aux conclusions des appelants et justifié sa décision;

« D'où il suit qu'en statuant comme il l'a fait, l'arrêt attaqué n'a violé aucun des articles de loi visés au moyen;

« Par ces motifs, rejette le pourvoi. »

Il est donc parfaitement licite de faire cession, par voie civile, des actions d'apport avant l'expiration du délai de deux ans pendant lequel la négociation des actions d'apport est interdite. Cette interdiction concerne uniquement la négociation de ces titres en Bourse. Au surplus, sous condition que les nouveaux propriétaires d'actions d'apport en aient signifié la cession à la Société en question, ils ont même droit de vote aux assemblées générales. Voilà qui est net et décisif et cette précision pourra rendre service aux banquiers en général ainsi qu'aux fondateurs et apporteurs de sociétés anonymes.

* * *

En marge, ajoutons ici une décision de justice qui intéresse à la fois banquiers et clients. Voici les faits :

« Un banquier en valeurs, ayant adressé à un de ses clients l'avis d'une vente au comptant portant sur un titre *Royal Dutch*, reçut le lendemain même une personne qui, se présentant de la part du donneur d'ordres, apportait le titre vendu et demandait le paiement du prix. Pour bien indiquer à l'employé du guichet à qui elle s'adressa, qu'elle était envoyée par le client, cette personne était munie de l'avis d'opéré émanant du banquier lui-même. Croyant, en effet, que cette personne était régulièrement mandatée par le donneur d'ordres, l'employé reçut le titre et paya la somme représentant le prix de vente du titre.

« Or, il se trouva que le pseudo-émissaire du donneur d'ordres avait en réalité soustrait à celui-ci son titre et sa lettre d'avis. La victime se retourna alors contre le banquier et exigea d'être payée à nouveau du prix de vente du titre.

« En effet, plaida Me Vallier pour le donneur d'ordres,

le banquier a commis une faute grave en ne s'assurant pas exactement de l'identité de la personne à qui il paya : d'une façon générale, une banque ne doit payer qu'à la personne même à qui elle doit, ou à son mandataire dûment accrédité. Qui paie mal paie deux fois.

« Mais la 3e Chambre de la Cour, sous la présidence de M. Masse, admit la thèse présentée par Me Marc de Molènes pour le banquier. La Cour constata que le banquier avait payé, en effet, en toute bonne foi ; il avait pu croire légitimement que le porteur du titre, muni en même temps de la lettre d'avis, était envoyé par le donneur d'ordres, tout mandat pouvant être tacite et, s'agissant d'une opération de guichet, titre contre acquit, il n'était pas nécessaire de recourir à d'autres vérifications. Et la Cour a validé le paiement effectué. »

***

Enfin nous ajouterons les commentaires publiés par le *Petit Capitaliste* sur la loi du 3 décembre 1926 modifiant les articles 419 et 420 du Code pénal, loi qui vise, comme on sait, les « coups de Bourse » et les manœuvres et combinaisons frauduleuses en matière d'émission et de placement de titres .

« Une des particularités de la répression édulcorée en matière de délits financiers, était, jusqu'ici, l'impossibilité, pour les magistrats, d'ordonner la publicité des jugements, écrit notre confrère.

« Il y a environ deux ans nous avons souligné l'insuffisance de ce moyen de répression et posé en principe qu'une condamnation, quelle qu'en soit la rigueur, n'est rien dès qu'il est permis aux intéressés d'obtenir un silence très feutré des organes qui, précisément, avaient servi d'éléments de diffusion lorsque les valeurs incriminées avaient été disséminées dans le public.

« Sans doute, les dispositions combinées des articles 1036 du Code de Procédure civile et 1382 du Code civil, eussent pu suffire à armer les plaignants, en leur permettant d'obtenir des Tribunaux, à titre de dommages-intérêts complémentaires, l'insertion *in extenso* ou par extraits, des termes de la sentence rendue.

« Or, aujourd'hui, ce qui était une faculté pour ainsi dire jamais utilisée — évidemment parce que souventes fois avocats et avoués ne connaissent qu'incomplètement les moyens auxquels leurs clients pourraient recourir — cette faculté, disons-nous, est devenue une obligation pour les magistrats, à la suite de la modification apportée aux articles 419, 420 et 421 du Code Pénal, par la loi du 3 décembre 1926 et dont nous publions ci-dessous le texte intégral :

« Article Premier. — Les articles 419 et 420 du Code pénal sont modifiés ainsi qu'il suit :

« Art. 419. — Tous ceux : 1° Qui, par des faits faux et calomnieux semés sciemment dans le public, par des offres jetées sur le marché à dessein de troubler les cours, par des suroffres faites aux prix que demandaient les vendeurs eux-mêmes, par des voies ou moyens frauduleux quelconques; 2° Ou qui, en exerçant ou tentant d'exercer, soit individuellement, soit par réunion ou coalition, une action sur le marché dans le but de se procurer un gain qui ne serait pas le résultat du jeu naturel de l'offre et de la demande;

« Auront, directement ou par personne interposée, opéré ou tenté d'opérer la hausse ou la baisse artificielle du prix des denrées ou marchandises ou des effets publics ou privés;

« Seront punis d'un emprisonnement de deux mois à deux ans et d'une amende de 2.000 à 100.000 francs.

« Le Tribunal pourra, de plus, prononcer contre les coupables la peine de l'interdiction de séjour pour deux ans au moins et cinq ans au plus.

« Art. 420. — La peine sera d'un emprisonnement d'un

an à trois ans et d'une amende de 5.000 à 150.000 francs si la hausse ou la baisse ont été opérées ou tentées sur des grains, farines, substances farineuses, denrées alimentaires, boissons, combustibles ou engrais commerciaux. L'emprisonnement pourra être porté à cinq ans et l'amende à 200.000 francs, s'il s'agit de denrées ou marchandises qui ne rentrent pas dans l'exercice habituel de la profession du délinquant. Dans les cas prévus par l'article 420, l'interdiction de séjour qui pourra être prononcée sera de cinq ans au moins et de dix ans au plus.

« Art. 2. — L'article 421 (nouveau) du Code pénal sera rédigé ainsi qu'il suit : Dans tous les cas prévus par les articles 419 et 420, le Tribunal pourra prononcer contre les coupables l'interdiction des droits civiques et politiques.

« En outre, et nonobstant l'application de l'article 463, il ordonnera que le jugement de condamnation sera publié intégralement ou par extrait dans les journaux qu'il désignera et affiché dans les lieux qu'il indiquera, notamment aux portes du domicile, des magasins, usines ou ateliers du condamné, le tout aux frais du condamné, dans les limites du maximum de l'amende encourue.

« Le Tribunal fixera les dimensions de l'affiche, les caractères typographiques qui devront être employés pour son impression et le temps pendant lequel cet affichage devra être maintenu.

« Au cas de suppression, de dissimulation ou de lacération totale ou partielle des affiches ordonnées par le jugement de condamnation, il sera procédé de nouveau à l'exécution intégrale des dispositions du jugement relativement à l'affichage.

« Lorsque la suppression, la dissimulation ou la lacération totale ou partielle aura été opérée volontairement par le condamné, à son instigation ou par ses ordres, elle entraînera contre celui-ci l'application d'une peine d'emprisonnement d'un à six mois et d'une amende de 100 à 2.000 francs.

« Art. 3. — Dans tous les cas prévus à l'article premier de la présente loi, le Tribunal ne pourra être saisi que par le renvoi qui lui sera fait, conformément aux dispositions de l'article 130 du Code d'Instruction criminelle.

« Si au cours de l'instruction le juge décide de recourir à une expertise, il sera adjoint à l'expert désigné par le juge d'instruction un expert choisi par l'inculpé si celui-ci en fait la demande.

« En cas de désaccord entre les experts un tiers expert sera désigné par le juge d'instruction dont l'ordonnance de renvoi sera, dans tous les cas, motivée.

« Article 4. — La présente loi est applicable à l'Algérie et aux colonies. »

***

« Il résulte indubitablement du texte qui précède que, nonobstant l'application de l'article 463 du Code pénal, dont les dispositions ont pour but d'autoriser le juge à abaisser l'échelle de la peine, en raison des circonstances atténuantes, le Tribunal devra ordonner la publicité des jugements de condamnation, intégralement ou par extrait, non seulement dans les journaux qu'il désignera, mais encore à l'aide de l'affichage dans les lieux qu'il indiquera, notamment aux portes du domicile et des bureaux du condamné.

« L'aggravation des pénalités prévues notamment par l'article 419 du Code pénal, résulte de l'adjonction des mots : *ou privés* (effets publics) apportée à l'ancien texte.

« En effet, jusqu'alors, le délit de coalition ne visait que les « papiers et effets publics»; d'ailleurs, la jurisprudence de la Cour de Cassation s'était montrée rebelle à l'extension de la répression à d'autres valeurs qu'aux fonds d'État.

« Tandis que depuis le 3 décembre 1926, la hausse ou la baisse artificielle, autrement dit « les marchés fermés », les opérations syndicales, les cotations fictives, en dents de scie, provoquées à l'aide d'options, grâce au concours de plusieurs intermédiaires, l'un vendant, l'autre achetant *pour le compte des mêmes intéressés*, les titres dont il échet de provoquer la hausse ou la baisse, toutes ces manœuvres, disons-nous, seront réprimées avec une rigueur inconnue jusqu'à ce jour.

« Aussi ne pouvons-nous nous expliquer la joie puérile avec laquelle fut « monté en épingle », ces jours-ci, un arrêt du 7 janvier courant, rendu par la Première Chambre de la Cour d'appel de Paris. Seule l'ignorance en matière de droit financier peut justifier l'énormité du rapprochement provoqué par les inspirateurs de l'entrefilet inséré un peu partout et d'après lequel la répression ordonnée par la loi du 3 décembre 1926, se heurterait d'ores et déjà à la « validité des opérations syndicales », consacrées par la Cour de Paris.

« Il suffit de se reporter à la décision en question pour constater qu'entre cet arrêt de la Cour et l'article 419 du Code pénal remanié, il n'y a aucune antinomie. Au contraire.

« De quoi s'agissait-il en l'espèce invoquée?

« En janvier 1920, la Société Zérapha, Bruyant et Cie avait institué un syndicat qui avait pour objet la prise ferme de 150.000 actions de 100 francs représentant le capital de la *Société Financière des Cinématographes*, alors en formation.

« Ces titres avaient été apportés au Syndicat par ses gérants, avec une prime de 10 francs.

« La Société Payne et Cie ayant adhéré à cette association en participation, avait elle-même constitué un sous-syndicat pour le placement de 40.000 de ces actions, apportées avec une majoration de 10 francs, soit au prix de 120 francs l'une.

« Un des sous-syndicataires, auquel avaient été attribués 100 titres le 17 août 1921 et sur lesquels il avait versé une somme de 8.000 francs, contestait la légitimité de la création du sous-syndicat.

« Or que dit la Cour en ce qui concerne la validité des opérations syndicales?

« Considérant que la validité des syndicats de placement ou de garantie en matière d'émission de valeurs mobilières n'est plus aujourd'hui contestée; que rien ne s'oppose à ce que les membres de ces syndicats réalisent un bénéfice en majorant le prix de vente de ces valeurs *quand leurs opérations ne sont entachées ni de dol ni de fraude...* »

« Tout le problème est là.

« Aux termes des articles 47 à 50 du Code de Commerce, modifiés par la loi du 24 juin 1921, des associations peuvent être créées avec, pour objet, des actes de commerce en participation.

« Il appartiendra donc désormais à la juridiction répressive de rechercher si les opérations syndicales de placement ou de garantie en matière d'émission de valeurs mobilières — à dessein nous nous servons de la terminologie de la Cour de Paris — tombent sous le coup des articles 419, 420 et 421 modifiés par la loi du 3 décembre 1926, sans préjudice des autres dispositions du Code pénal et de la loi du 24 juillet 1867.

« Rappelons à cet égard, à tous ceux qui l'ignorent, que ces associations en participation, autrement dit ces Syndicats ne constituent pas une personne morale (art. 49 du Code de Commerce) et que, par conséquent, comme en matière délictuelle, la faute est personnelle, pourront être retenus dans les liens de la prévention, tous ceux qui auront agi directement, qui constitueront la personne interposée ou seront tout simplement le complice.

« Signalons aussi l'innovation en ce qui concerne le choix d'un contre-expert par l'inculpé. C'est là une garantie très précieuse pour la défense. Par contre, insistons sur le sort qui sera réservé, sous l'empire de la nouvelle loi, à ces individus à profession inavouée parce que, inavouable, non-patentés, fraudeurs à tous les impôts, et dont l'existence se passe en promenades entre la Bourse et les couloirs des juges d'instruction. Ces parasites de la mercante financière se verront appliquer les dispositions de l'article 420 portant augmentation des pénalités et de la durée de l'interdiction de séjour, car *l'affaire* qui leur vaudra l'inculpation ne rentrera jamais dans l'exercice d'une profession régulièrement exercée.

« Et à l'intention de ceux de nos lecteurs qui voudraient se reporter aux travaux préparatoires de la loi du 3 décembre 1926 pour y puiser des précisions relatives aux opérations boursières, nous extrayons des rapports parlementaires les passages les plus topiques :

« N° 6267. *Chambre des députés* : Projet de loi ayant pour objet de modifier les articles 419 et 420 du Code pénal, etc.

« *Exposé des motifs* (p. 3) : L'article 419 actuel prévoit quatre moyens de commettre le délit d'accaparement : les bruits faux ou calomnieux; les suroffres; la coalition; d'une manière générale, les moyens frauduleux.

« Ces éléments constitutifs du délit peuvent se diviser en deux groupes. D'une part, les moyens frauduleux, dont les principaux sont : les bruits faux ou calomnieux et les suroffres, auquel nous avons ajouté, pour mieux assurer la répression des coups de bourse, les offres jetées sur le marché à dessein de troubler les cours.

« (P. 4). L'article 419 actuel, en outre des denrées ou marchandises, ne prévoit la hausse où la baisse factice que sur les papiers et effets publics, c'est-à-dire sur les rentes d'État. Il a paru opportun d'étendre la répression aux opérations de même nature lorsqu'elles ont pour objet de peser sur le cours des actions ou des obligations émises par les Sociétés privées, qui peuvent être, tout comme les rentes sur l'État, l'objet de spéculations.

« Enfin, il nous a semblé nécessaire que la tentative de

hausse ou de baisse fût désormais punie comme le délit consommé : l'intention criminelle de l'agent, indispensable pour que le délit soit constitué, est en effet la même dans les deux cas. Cette modification de l'article 419 est d'ailleurs empruntée à l'article 10 de la loi du 20 avril 1916.

« N° 338. *Sénat.* Année 1926. Session ordinaire. *Rapport* de M. Guillaume Poulle, sénateur.

« (P. 94)... Le juge devra rechercher du reste, avec toute la prudence nécessaire, si « l'action exercée sur le marché » l'a été « dans le but de se procurer un gain qui ne serait pas le résultat du jeu naturel de l'offre et de la demande ».

« C'est ce que proclame du reste la Cour de cassation, dans les arrêts que nous avons cités précédemment, alors qu'elle décide que le juge doit rechercher, si la réunion a été faite pour porter la marchandise à un prix que ne justifieraient pas les circonstances économiques.

« Soulignons à nouveau que le projet de loi protège justement, au même titre, les effets privés et les effets publics

« Les autres dispositions du projet : sanctions plus sévères, garanties accordées aux délinquants n'appellent aucune observation particulière. Elles se justifient d'elles-mêmes et nous n'insisterons pas davantage. »

* * *

« Nous avons, nous semble-t-il, suffisamment dégagé la portée de la loi du 3 décembre 1926 en ce qu'elle a trait à toutes les *combinaisons* répréhensibles, qui sont la tare des marchés financiers, et dont l'assaut récent aux fauteuils dorés du Conseil d'administration d'une entreprise de navigation est le plus vivant exemple.

« Aussi pensons-nous que notre étude intéressera autant, sinon davantage, les banquiers que les capitalistes, car, par une discrétion vraiment excessive, les organes d'information à large diffusion n'ont pas encore jugé opportun de signaler au monde de la Bourse cette réforme du Code pénal et qui constitue un véritable tournant dans l'histoire de la répression de l'agiotage. »

CONCLUSION

Qu'on le sache : il n'y a pas de panacée universelle, de même il n'existe pas de secret pour faire des fortunes importantes et rapides à la Bourse; deux éléments sont, là aussi, indispensables comme en toutes choses : le temps et le travail, bases premières de toute œuvre féconde et durable.

Nous répéterons ici un des conseils que nous donnons dans notre ouvrage *Dictionnaire pratique des opérations de Bourse et de Banque* :

« ... Si la masse était plus avertie des questions financières, elle y trouverait de grands avantages moraux et matériels. L'accession aux bénéfices du travail et aux bienfaits de la propriété reste le plus bel idéal social à poursuivre, le plus grand progrès social à réaliser. A la base même de la production, qu'elle soit industrielle ou agricole, il y a une matière première qui domine toutes les autres : c'est le capital.

« Oui, si le peuple était plus averti en matière financière, il y trouverait son intérêt, beaucoup d'ouvriers ne tarderaient pas à prendre une modeste participation dans l'entreprise où ils travaillent et ce serait la meilleure manière de les voir prendre part aux bénéfices. Quand tous les ouvriers seront financièrement éduqués, il y aura des chances pour que les questions sociales soient près d'être résolues; car ils travailleront avec plus d'acharnement, afin de grossir leurs propres dividendes et ne souffriront pas de tire au-flan à leur côté. Bien des grèves seront évitées, quand les travailleurs seront à même de comprendre certaines difficultés qui s'opposent à certaines augmentations de salaires, augmentant le prix des produits manufacturés et gênant leur écoulement sur tous les marchés du monde ouverts au jeu des libres concurrences.

« Jetons un coup d'œil sur ce qui se passe chez la plus grande démocratie du monde : les États-Unis. L'épargne, considérée trop souvent en France comme un attribut de races vieillies, est au contraire le fait d'un pays jeune, en pleine activité, en pleine ébullition industrielle. Envisagée au point de vue de l'emprunteur, l'épargne américaine constitue l'un des plus puissants facteurs de la prospérité économique.

« Les progrès du capitalisme américain sont des plus instructifs à cet égard. Les États-Unis savent se servir de ce merveilleux instrument que sont les valeurs mobilières et tout particulièrement les actions, pour permettre l'accès de la propriété à toutes les classes sociales. Une large diffusion des valeurs mobilières dans la population a pour effet immédiat d'atténuer les rivalités ouvrières en associant, matériellement parlant, les ouvriers au capitalisme dont les portes leur sont ouvertes. Des exemples nombreux prouvent les progrès déjà accomplis...

« Ainsi peut-on apprécier, ce qu'est susceptible de devenir un régime capitaliste intelligent, largement ouvert, et qui ne renie pas ses principes. Au lieu de laisser subsister un prolétariat que l'on condamne à n'être que salarié, on constate la création d'une société infiniment plus complexe, dans laquelle les rôles économiques se pénètrent et se juxtaposent, les salariés étant à leur tour capitalistes comme tant de capitalistes sont en même temps salariés. Une politique de ménagement systématique de l'épargne, et de protection des valeurs mobilières tel est le moyen qui permet la prospérité économique d'un pays et l'amélioration générale de ses conditions d'existence.

« Quand les masses l'auront compris, la question sociale aura réalisé un progrès formidable et décisif.

« L'auteur terminera par cette citation de Jules Simon : « Il n'y a qu'une seule personne qui puisse préserver l'ouvrier du paupérisme, cette personne est l'ouvrier lui-même. »

TABLE DES MATIÈRES

ACHEVÉ D'IMPRIMER
EN SEPTEMBRE 1929
POUR LE COMPTE DE
LA LIBRAIRIE FINANCIÈRE
24 RUE FEYDEAU, PARIS (2e)
PAR LES ATELIERS SPÉCIAUX
DE L'IMPRIMERIE FLOCH A MAYENNE

www.ingramcontent.com/pod-product-compliance
Ingram Content Group UK Ltd.
Pitfield, Milton Keynes, MK11 3LW, UK
UKHW020558180726
13838UKWH00001B/325